KB276083

The last kiss and say goodbye

domo
books

$\mathcal{C}ontents$

◇ 프롤로그

이젠 다 안다 생각했는데 그게 아니었나봐요   20

여자가 이별을 결심할 때 vs 남자가 사랑을 시작할 때   26

그 사람의 친절.. 착각해도 되는 걸까요?   48

지금 그녀는 흔들리고 있습니다.   65

넌 내게 반했어! 내 남자를 꽉 묶어 두는 법   72

officially(공식적) vs unofficially(비공식적) 남자친구   81

잘 해주지만 덜 끌리는 남자 vs 차갑지만 끌리는 남자   89
어느 쪽에 손을 내밀어야 할까???

그와 나의 사랑 속도... 당신은 시속 몇 키로 인가요?   96

남자들의 언어 : 꼬심과 진심사이   106

사랑의 대부업   113

사랑의 유효 기간이 끝날 때 즈음 맡게 되는 이별 냄새...   127

이런 여자, 저런 남자 Ⅰ   134

결혼을 앞둔 그놈이 전화 하는 이유   149

내 남자친구의 공인인증서   155

한번 헤어지면 같은 이유로 또 헤어지는 이유   161
– 이별 기억상실

난 친구일까? 애인일까?   171

헤어지면 추억도 포맷이 되나요?   178

여자에게 남자의 나이란??   185

Contents

고칠 수 없는 심장병... 첫사랑... — 190

남자의 집에 초대받아 가는 여자의 마음? — 197

이별과 사랑에 대한 카운슬링은 사랑을 더 약하게 할까요? — 204

호감 감별법 : 진지하게 준비하는 남자 vs 간만 보는 남자 — 215

사귀자는 제안에 말끝을 흐리는 여자 : 그녀의 간보기 — 222

지난 연애 복습하는 남자 — 230

그와 나의 리미티드 에디션 — 237

왜 남자는 꼭 지나고 나서 후회할까? — 248

여자는 이런 말 하는 남자가 싫다 — 256

'좋아한다' 는 '사랑한다' 의 시작일까?   264

이런 여자, 저런 남자 Ⅱ   273

간섭의 한계 : 사랑은 어디까지 간섭하는 게 좋을까?   284

결혼은 미친 짓일까? 나와 결혼해 줄래?   296

여자도 어장관리 한다?   321

헤어진 후, 이별에도 유예기간이 필요할까요?   328

세상에서 가장 멋지게 이별하는 방법   338

◇ 에필로그
우리의 이야기는 어쩌면 영원히 정답 없는   355
질문들일지도 몰라요.

만나고   설레이고   사랑하고
헤어지고   아프고   그리워하고

시작

아. 린.. 님... 안녕하세요.

그동안 잘 지내셨죠?

우선 한동안의 연락 부재에 대해 사과 인사부터 드릴게요.

사실 그날 그녀의 갑작스런 상황으로 인해 약속이 취소돼 장소에 나가질 않았어요.

살짝 설레임을 안고 있다 취소된 실망감에 친구랑 한잔 하다 보니 다음 날이 돼서야 아린 님의 메일을 확인했답니다.

그리고 답장을 보내려다 때마침(정말 절묘한 타이밍에...) 걸려 온 그녀의 만나자는 연락에 들떠 잠시 미룬 것이 지금껏 흘러왔네요.

좀 더 솔직히 말하자면 그녀와의 만남이 연애로 이어져 콩깍지가 쓰인 탓에...

(예리한 아린 님이시니 어느 정도 짐작하셨으려나?)

한데 이렇게 염치불구하고 또다시, 그리고 뜬금없이 연락을 드리는 이유가 뭔지는...

뭐, 역시나 짐작하시겠죠?

네, 그녀와 불타오르던 사랑의 불꽃이 6개월을 넘기지 못하고 바로 얼마 전, 정확히 말해 5일 전에 그녀의 이별 통보와 함께 꺼지고 말았답니다.

그간 주고받은 메일을 통해 여자에 대해 많이 알게 됐다고 생각했는데 아직 부족함이 더 많다는 걸 깨달았습니다.

역시 사랑은 연필로 써야 지울 수 있는데 늘 왜 지워지지 않는 펜으로 써서 흔적을 남기게 되는지...

당시에는 영원하리란 마음으로 시작하는 게 사랑이라 어쩔 수 없나 봐요.

특히, 나이가 먹을수록 결혼이라는 전제를 두다 보니 더욱더 그리되나 봅니다.

서두가 길었네요.

여하튼 본론은... 염치없게도 또다시 아린 님에게 조언의 손길을

내밀고픈 마음에...

뭐, 저도 양심은 있는 놈이라 지난번처럼 주거니 받거니 하면 어떨까 싶은데...

때론 저의 착각으로, 그리고 가끔은 눈치 없는 헛다리로 망쳐 버린

제 연애 시절에 더 이상의 실패가 없도록... 도와주세요.

플리즈~~~

답장 기다릴게요.

P.S 다급한 마음에 구구절절 제 얘기만 하느라

아린 님의 안부나 근황에 대해선 묻지도 않았네요.

어떻게 그간 잘 지내시고 계신 거 맞죠?

그때 만난 그분과는 잘되고 계신가요?

아님, 새로운 인연을 만나 한창 연애 중이신지...?

그도 아니면....... 혹 아직 솔로로 지내시는지?

아무튼 다시 이렇게 메일을 보내다 보니 그간 잊고 지내던 온라인의 정이

새록새록 피어나네요.

다시 한 번 일방적인 반가움의 인사를 전합니다.

반가워요, 아린 님... :)

이젠 다 안다 생각했는데
그게 아니었나 봐요…

아린의 첫 번째 편지

AM 2:00

새벽 두 시...
전 늘 이 시간만 되면 생각과 질문이 많아져요.
그래서 이 시간에 돈테 님의 메일을 열어봤어요.

사실 아까 낮에 성과는 없고 지치게만 하는 회의에 시달리고 있었는데
제 휴대폰에 메일 알림이 '띠링'하고 울리는 거예요. 또 김미영 팀장님이
겠거니.. 하고 회의로 짜증난 기분이라도 화풀이 해볼까 하고 휴대폰을
봤더니 '돈테' 라는 글씨가 제 눈에 100배 확대돼 보이더라고요. 신기하죠?

그 순간 바로 열어보고 싶었지만 참았어요.
왜 바로 열어보지 않았냐고요?
이유는 글쎄요...

왜, 그냥 그런 거 있잖아요.

사거리를 지나 버스정류장으로 걸어가고 있는데 지금 내 앞에 파란 신
호등이 딱 하고 켜져 있는 거예요.
그래서 건널까? 하다가 걸음을 멈추고 다른 사람이 건너는 모습만
지켜보죠.
왜냐하면 왠지 지금 켜진 신호가 아니라 다음번에 들어오는 신호에 건
너면 버스정류장으로 내가 탈 버스가 기가 막히게 도착할 것 같은 그런
기분이 들어서예요.
왜 그런 날 있잖아요.
그러면 그날 하루 종일 막 기분 좋을 것 같은 그런 느낌 같은 거 말이에요.

어쨌든!!
그래서 전 이렇게 또 이 새벽에 얼굴도 알지도 못하는 한 사람에게 답장을
쓰고 있네요.
하하하!

아이쿠~ 인사가 늦었네요.
돈테 님! 잘 지내셨어요?
보아하니.. 그동안 짧은 연애를 하셨고 지금은 이별의 상처를 기댈 사람이

필요한 것 같군요. 지난번 제가 그랬던 것처럼..

이젠 다 안다고
이젠 다 알았다고 생각했는데 그게 아니었던 거죠?

저도 그랬어요.

저도 사실은 돈테 님이 그리웠거든요.
가까운 친구들에겐 말하지 못한 질문들이 쌓이고 쌓여서 제 심장을 짓
누르고 있었어요.
돈테 님의 시원한 답이 제 속을 뻥 하고 뚫어주길 기다리고 있었는데...

지난번 우리가 만나지 못한 것도 어쩌면 신의 뜻일 수도...

"너흰... 서로의 이별 상처를 소독해 줄 치료사야. 그런데 어딜 만나려고
해!!! 안돼!!!"

새벽이다 보니 별 이상한 상상을 다 하게 되네요.

더 이상 횡설수설하기 전에 첫인사는 요기서 끝낼게요.

진짜 반가워요. 돈테 님!!!!
이제부터 한번 시작해 볼까요?
그동안 궁금했던 우리들의 이야기를??

여자가 이별을 결심할 때 vs
남자가 사랑을 시작할 때

돈테의 두 번째 답장

우선 넙죽 절이라도 할 만큼 감사한 마음이 넝쿨째 듭니다.

역시 아린 님의 아량은 광활한 대지와 같으며, 드넓은 바다와 일맥상통하십니다.

아부가 너무 거창했나요?

과장이 좀 더해지긴 했지만 저의 진심이랍니다.

사실 다시 메일을 보내며 내심 아린 님이 답을 하지 않으면 어쩌나 노심초사 했거든요. 그 사이 저만 시간을 흘려보낸 게 아닐 텐데, 행여 아린 님이 연락을 받지 못하거나 답장 할 상황이 못 될 수도 있단 생각에서 우러난 조바심에 답장이 왔으려나 수시로 메일을 확인하며 초조하게 보냈답니다.
한데, 아린 님이 이렇게 반갑게 화답해 주시니 제가 감사하지 않을 수가
없네요.
그리고 무엇보다 아린 님 또한 저의 조언을 기다리고 계셨다니...
정말 아린 님 말처럼 우린 서로를 치료해 줄 운명인가 봐요. :)

언제가 될지, 그리고 얼마나 도움이 될지 모르겠지만 아린 님의 마음에
평안과 안녕을 위해 열심히 조언해 드릴게요.
아린 님도 잘 부탁드려요.

자! 그럼, 우리 다시 본격적으로 서로의 치료사로서 진료 시작해 볼까요?

먼저 첫 진료 창구의 문은 제가 두드릴게요.
막 이별에 처한 상태라 몹시 궁금함이 넘쳐서요...

첫 편지에 말씀드렸듯 그간 제가 6개월간의 치열한 연애전선에
참전했었습니다.
한데, 아린 님 덕에 만반의 준비를 했다 여겼던 연애가 처음엔 술술
풀려간다 싶다가 어느 시점부터 슬슬 꼬여가기 시작했어요.
뭐, 여기서 구구절절 연애에 관한 푸념을 늘어놓기에는 사상 최초로
메일 용량이 초과 할지도 모르니 애써 맘을 억누르고 본론인 질문에
들어갈게요.

아린 님, 도대체 여자들에게 있어 이별을 선택하게 되는 가장 큰 계기가 뭔가요?
생각보다 부족한 능력 때문인가요?
아님, 점점 익숙해져 질려가는 외모 때문인가요?
그도 아님, 알면 알수록 드러나는 남자의 무식함 때문인가요?

도대체 자기가 호감을 가졌던 남자에게 이별을 고할 때 가장 중요하게 작용하는 요소가 무엇인가요?

가장 원초적인 이별의 이유가 몹시 궁금합니다…

남자와 여자의 연애는
시간이 지나면 알게 되는
이상한 시험

아린의 두 번째 답장

여자가 이별을 선택하게 되는 순간이라…

돈테 님.
첫 번째 질문부터 너무 어려운 질문을 하시네요.
그래서 메일을 열어보곤… 고민을 했답니다.

3일 동안 저의 지난 연애를 떠올려보며 과연 내가 어느 순간 이별을
선택했을까…
생각을 해 보았죠.

그랬더니 답이 나왔어요.
이 답이 잔인해도 울거나 상처받으시면 안돼요.
우린. 솔직하게 얘기해주기로 한 거니까.

답은 단순해요.

바로 '그 남자를 더 이상 사랑하지 않는다고 느껴질 때' 예요.
더 이상 사랑하지 않으니까 이별을 선택하게 된 거죠.

더 이상 사랑하지 않으니까
내 남자가 가지고 있는 능력도 남들보다 떨어져 보이고 자주하던
스킨십도 지겨워지고 세상에서 제일 잘생겨 보이던 외모에도 하나둘
흠이 보이기 시작하며 사소한 말투에도 '헉' 하고 무식함이 느껴지는 거죠.

내 눈을 멀게 했던 콩깍지가 한순간에 떨어져 나갔다고들 하잖아요.

'사랑'이라는 울타리 안에서 주관적으로 보던 내 남자가 어느 순간 객관적
판단의 잣대 위에 놓여 내가 정해 놓았던 기준에서 모자란
센티미터가 적나라하게 보이기 시작하는 거죠.

이건 남자들도 마찬가지 아닌가...?

한창 연애 중일 땐 친한 친구가 내 남자 친구나 여자 친구의 흠을
조금이라도 볼라치면 불같이 화가 나잖아요. 그리곤 대변인처럼

내 애인의 장점을 브리핑을 하죠.

그런데 어느 순간, 바로 더 이상 사랑하지 않는 순간이 오면
친구가 무심코 내게 했던 말들이 '그럴 수도 있겠다...' 라고 이해가 되기
시작하는 거예요.

그러면서..
결국엔 '이 남자를 계속 만나는 게 맞는 건가..?' 라는 질문에 도달하게
되고 그 질문에 'yes' 라고 하는 순간 여자는 이별을 선택하게 되는 거예요.

어릴 시절, 매일 가지고 놀던 인형이 이 세상에서 제일 예쁘고
내겐 하나밖에 없는 유일한 친구라고 생각되다가
어느 날, 인형가게 앞을 지나게 되면 다섯 살짜리 꼬마도 깨닫게 돼요.
닳을세라 잃어버릴세라 품에 꼭 안고 다녔던 내 인형보다
세상에는 더 귀엽고 앙증맞은 인형이 열 개는 넘게 있으며
내 인형이 유행도 지나고 꼬질꼬질 더럽혀져서 초라하단 사실을요.
그렇게 되면 인형과는 이별을 결심하죠. 아빠에게 새 인형을 사 달라
졸라대며...

그런데 더 중요한 게 있어요.
단순히 내 남자의 단점이 보여서 여자들이 이별을 선택하느냐...?
아니에요.
남자들은 참 모르는 거 같아.

여자가 이별을 선택하게 되는 순간은
단단한 사랑의 매듭이 풀려나가기 시작한 순간이에요.

'사랑'을 처음 시작할 땐
이 매듭이 결코 풀리지 않을 거란 믿음을 가지고 시작하죠.
그런데 이 매듭은 말이죠.

'처음보다 느슨해지진 않았나?',
'혹시 잘라버릴 만큼 복잡하게 꼬이진 않았나?' 자주 확인해 주지 않으면
느슨해지는 거 같더라고요. 그렇게 느슨해지다가 결국 풀리게 되는 거
죠. 아니면 싹뚝 끊어내 버리던지.

여자들은 결코
자신들이 사랑하는 남자들의 흠을 먼저 보고 이별을 선택하진 않아요.
물론 그런 여자들도 있겠지만 평균적으론 말이에요.

아마... 여자가 이별을 선택하게 되는 순간은.
남자가 느슨해진 매듭을 챙기지 않음에 서운함을 느끼는 순간이
아닐까 해요.
그러니까 이별한 후에 내가 뭐가 부족한지를 보지 말고
내가 뭘 서운하게 했는지를 고민하는 게 맞아요.
이렇게 돈테 님의 메일에 답변을 쓰다 보니...
여자로서 궁금한 게 생기네요.

과연 남자는 어느 순간에 '이 여자랑 사랑을 시작해야겠다, 사귀어야
겠다.' 라고 결심하게 되나요?

이 여자가 다른 여자보다 예뻐 보일 때?
아니면 이 여자의 몸매가 다른 여자들보다 좋은 걸 확인 했을 때?
아니면 큐피트의 화살을 맞고 이 여자가 '내 사람이다!' 라고
파바박!!! 심장에 쾅! 하고 신호가 와서인가요?

요즘 제 주위에서 나랑 사귀려는 건지 아닌 건지...
나를 좋아하는 건지 아닌 건지...
헷갈리게 하는 놈이 있어서 말이에요.
그냥 나랑 만날래? 하면 되는 쉬운 일을 결심이 안 선 건지 아니면
간을 보는 건지 도무지 모르겠단 말이죠.
뭐가 그리 복잡한지.

도대체 어느 순간 사랑의 시작을 결심하게 되는 건가요?

돈테가 전하는 사랑의 완성을 위한
세 번째 조언 소나타

간만에 또다시 들이닥친 연애 충격파에 후덜덜…
아린 님의 답변을 듣고 불현듯 떠오른 7년 전 그녀의 말.

"예전엔 사랑했지만, 지금은 사랑 안 해서."

정확히 그렇게 말하고 그녀는 떠나갔답니다.
당시, 그녀를 붙잡으려 여러 변명을 안고 갔지만 그 말을 듣는 순간,
아무 대꾸도 못하고 돌아서 온 제 자신이 떠올라 섬뜩했습니다.

만약, 그때 아린 님을 알았다면 많은 도움이 됐을 텐데…

뭐, 지나간 아쉬움을 토로해 봤자 말 그대로 지나간 기차요, 이륙해 버린 비행기니 돌아보지 말고 그냥 다가 올 미래의 연애나 대비하렵니다.

무튼, 아린 님의 답변을 듣고 또 한 번 느낀 불변의 진실.

'남자들이여! 주구장창 노력하고 또 노력할지어다. 백 번 잘하다가도 한 번 잘못하면 서운한 맘에 돌아서는 게 여자라는 사실을 잊지 말고!'

한데 아린 님, 아린 님의 답을 듣다 보니 여자들이 간과하는 사실이 하나 있는 것 같아 조언의 팁을 드릴게요.
아무리 사랑에 콩깍지가 씌인 남자도 결국은 본성적으로 손해보단 실리를 추구하는 인간입니다.
여자들에게 쏟았던 정성과 사랑에 비례해 자신도 꼭 그만큼을 가지고 싶어 합니다.
물론, 지금 당장은 그녀의 마음을 붙잡기 위해 더 많은 걸 양보하고 배려하지만 마음을 붙잡았다는 확신이 서게 되면 그간 못 받은 보상을 받으려 한답니다.
자신을 기다리게 한만큼 여자를 기다리게 하고, 여자가 고집 피웠던 만큼 비례해 자신의 고집을 피운다는 사실을 명심하세요.
하니, 늘 배려하는 맘을 갖고 살아가는 것이 오랫동안 사랑을 유지해 가는 절대 전략임을 잊지 말고 연애 전선에 임하시길 바래요.

남자가 여자를 사랑하기 시작할 때...
그 시작점은 여러 요소들에 의해 차이가 있을 수 있습니다.

오랜 솔로 시절에서 비롯된 절실함부터 힘든 확률이긴 하지만 첫눈에
'팍' 꽂힌 운명적 그녀가 눈에 들어왔을 때까지...
이유와 요인에 따라 천차만별입니다.

하지만, 기본적인 감정의 변화에 따른 행동은 비슷하게 표현되고 진행
되는 것 같아요.
남자들은 이성을 처음 만나 호감이 생기면 최소 세 번은 만나 봐야겠다는
생각을 가집니다.
그리고 그 세 번의 만남 동안에도 호감이 지속되면 다음 단계인 관심
단계로 상승합니다.
이때부터는 본격적인 비교와 탐구에 들어갑니다.
나와 성격은 얼마나 맞는지, 공통점이 무엇인지,
무엇보다 헤어진 바로 전 여친과 같은 단점을 가지진 않았는지...
이것저것 물어보고 함께하며 이뤄진 관찰을 통해 만남을 이어 갈지에
대한 최종 결정을 내립니다.

그리고 그 최종 관문은 바로 주변인들을 통한 객관적 검증입니다.
친구나 동료들에게 여자를 소개해 그들의 호응도에 따라 이 여자를
사귀어야 할지에 대한 결정을 내리는 거죠.
(물론, 콩깍지가 씌인 남자라면 이 모든 것이 예외겠죠.)
그렇게 결정이 내려지면 남자는 그간 뜸들이던 자세에서 변모해
급속도로 진도를 나가기 시작합니다.
직접적으로 사귀자는 말도 하고, 스킨십도 하고 이런저런 책임감을
강조하는 말들을 내뱉기 시작하죠.

여기까지는 보편적인 소개팅을 통해 만난 인연들의 경우이고,

평소 알고 지내던 동료나 친구 관계에서의 연애 시작점은 조금 차이가
있습니다.
우선, 여자는 알지 못하겠지만 남자는 같은 공간 속 자연스런 관계 안에
서 호감 가는 여자에 대해 관찰하고 주변을 통해 그녀에 대한 평가를
받아 둡니다.
그렇게 해서 확실한 검증이 끝나면 남자는 자연스레 여자를 챙기기
시작합니다.
동료나 주변인들과 함께 하는 자리에서 여자만 알 수 있게 친절을
베풀고, 때론 둘만의 자리를 만들기도 하며 작업(?)에 들어가는 거죠.
하지만, 여자가 백 프로 자신에게 넘어왔다고 생각하기 전까지는
섣불리 고백하거나 직접적으로 호감을 표현하지 않습니다.
대부분의 여자들이 이럴 때 아린 님처럼 갸우뚱하죠.

'아니, 이 남자 뭐야? 분명히 날 좋아하는 것 같은데 말은 안하고…
어휴 답답해!'

남자가 알면서도 심사숙고하는 이유는 상황적인 배경 때문입니다.
만약, 여자가 대시를 거부했을 때 어쩔 수 없이 함께 해야 하는 불편한
환경이기에 여자가 백 프로 승낙하리란 확신을 가질 때까지 철저히
참고 기다리는 거죠.
설사 확신이 생겨도 행여나 있을지 모를 거부사태에 대비해 대다수의
남자들은 고백을 취중을 빌어 하는 경우가 많습니다.

여자가 거부했을 때 술 취해 한 실수라고 변명 할 수 있는 핑계거리가
되니까요.

여하튼, 아린 님에 대한 질문의 답변은...
기다리세요.
때가 되면 남자 스스로가 고백할 겁니다.
물론, 지켜보다 변심해 돌아서는 경우도 있겠지만...
뭐, 그런 남자는 언제고 떠나갈 남자니 미련이나 아쉬움을 둘 필요는
없어요.
저 멀리 아린 님의 한숨 소리가 들려오는 것 같은데...
뭐, 아린 님을 위해 그 기간을 조금이나마 앞당길 수 있는 방법을 알려
드리자면, 남자가 고백할 수 있는 환경을 만드세요.
앞서 말씀드렸듯이 대다수 남자들이 술을 빌어 고백을 하는 만큼 둘만
의 술자리를 만들어 보세요.
좀 더 빠른 시일 안에 고백을 들을 수 있을지도 모르니까요.
더불어 확실히 이 남자다 싶으면 술의 힘을 빌어 확 덮치시던가!

자, 이번엔 저의 질문공세 들어갑니다.
아린 님, 여자들은 이성적인 호감이 없어도 남자들에게 친절한 멘트나
배려를 할 수 있나요?
만약, 그렇다면 단순한 친절, 배려와 이성적 호감으로써의 친절,
배려에는 어떤 차이가 있나요?
스스로의 착각에 빠져 그녀에게 설레고 있는 이 세상 모든
헛다리 남들을 위해 알찬 조언 부탁드려요.

그 사람의 친절...
착각해도 되는 걸까요?

아린의 세 번째 답장

돈테 님의 보너스 충고 잘 새겨들을게요.

기다려라.
그리고 술자리를 만들어라.

그런데 말이에요.. 요게 둘 다 엄청 위험할 수도 있는 거잖아요.
기다리는 건..
기다리다 '낙동강 오리알 망부석'이 될 가능성도 있는 거고
술자리는..
술기운에 잘못하면 원초적 본능만 해결하다 끝날 수도 있는 거고 말이죠.

둘 다 무지막지한 용기가 필요한 거네요.

오케이!!!

조만간 술자리부터 시도해보고 돈테 님께 보고할게요.
전투에 나가기 전,
술자리에서 어떻게 해야 하는지 물어볼 테니까 알려 주셔야 해요!!!
괜히 상상부터 하게 되는 건 왜 일까요? 큭큭
훠이!!!!
일단 상상은 잠시 접어두고 돈테 님의 질문에 집중할게요.

돈테 님!!!
혹시 친절한 여자에 약한 건 아니죠?
안돼 안돼!!!!
이별한 지 얼마나 됐다고!!!

저도 여자지만
여자들의 친절함에 속지 마세요!!!!
친절함에 속는 그 순간 상처를 받게 되는 건 필수 코스라고요.

여자들의 친절함은...
어떻게 표현하면 적절할까...
음...

여자들의 친절함은

'신이 여자들의 뼛속에 숨겨 둔 세상을 살아가는데 필요한 무기'

라고 해 둘게요.

그러니까 이 말은,

여자들은 애정 없이도 친절을 베풀 수 있는 동물이란 말이에요.

웃음을 적절히 버무린 친절, 이것이 남자들을 춤추게 한다는 사실을

여자들은 또래사회에 들어가는 6-7살 즈음부터 배우게 되요.

유치원에 다니던 어느 날,

제 짝꿍이 맛있는 사탕을 먹고 있더라고요.

짝꿍과 저는 당시만 해도 별거 아닌 거에 투닥투닥 싸우던 앙숙이었

거든요.

그런데 그날 그 녀석이 들고 있던 사탕이 너무 먹고 싶더라고요.

그런 생각이 들자 나도 모르게 예쁜 웃음을 웃으며 제가 갖고 있던

색연필을 건넸죠.

"오늘 색연필 안 가지고 왔지? 내꺼 써!"

그러자 그 짝꿍은 얼굴이 발그레해지면서 손에 들고 있던 사탕을

저에게 내밀더군요.

그 이후에 그 짝꿍은 저에게 친한 척을 했지만, 전 사탕이 다 닳아

없어질 때까지만 그 녀석에게 친절했던 거 같아요.

여자들의 친절은 때론 무기가 된답니다.
물론, 이 경우에도 '천성'을 무시하진 못하죠.
어떤 여자들은 신이 숨겨 둔 무기를 찾지 못하고 무뚝뚝하기도 하니까요.

저도 여자지만 여자들의 '친절'은 같은 여자들 사이에서 보다 남자와
같이 있을 때 더 현란한 기술을 발휘하기도 한답니다.

남자들이여.
여자들이 친절하다고 '혹시 저 여자가 나한테 호감 있는 거 아니야?' 라
고 착각하지 마세요.
여자들은 남자들이 먼저 호감을 표시하기 전에 먼저 호감을 표시하는
경우는 드무니까.

그러니 그냥 베푸는 친절은 그냥 친절일 뿐 의미를 부여하지 말라는 거죠.

진짜 관심이 있는 남자에겐 '친절'을 베푸는 게 아니라
한 단계 업그레이드 버전인 '애교'를 부리는 게 여자랍니다.

'친절'과 '애교'를 헷갈리면 그 순간, 완전히 '새'가 될 수도
있단 사실을 명심하세요!!!

여기까지 친절한 아린의 답장이었구요.
갑자기 여자의 친절에 대해 쓰다 보니 오히려 남자들의 친절이 더 심각한
문제 아닌가 하는 생각이 드네요.

여자들은 남자들보다 '착각'에 쉽게 빠지는 동물이거든요.

"어머, 저 남자 나한테 관심 있나 봐."
"걔가 내가 목마르다니까 자기 앞에 있던 음료수를 나한테 슬쩍
갖다 주는 거 있지? 이거... 나한테 관심 있다는 거 맞지?"
"회사에 왜 그 사람 있잖아.. 내가 차 타는데 차문을 열어주더라..
이건 뭐야..?"

이렇게 여자들은 모이면 남자들의 친절에 대한 궁금증을 서로에게
얘기하고 그 답을 찾으려고 하거든요.

돈테 님, 남자들의 친절은 어떤 의미인가요?
남자들의 친절도 여자와 비슷한 경우라면,
그럼 '친절'과 '안친절'을 구분하는 방법이 혹시 있나요...?

돈테의 4번째 편지

아린 님의 답을 듣고 보니 낙엽 떨어지듯 우수수 떨어지는 착각 속
여자들...
남자 입장에선 나랑 단둘이 영화를 봐도, 하물며 둘이서 식사를 하는 것
만으로도 여자가 나에게 호감이 있다고 생각하는데...
어쩌면 그 모든 것이 그냥 친절일 수도 있다니... 문득 과거를 떠올리니
헛물켠 제 자신이 한심해지네요. (아구구 창피해...)

이번 답변은 그 어느 때보다 확실한 해답을 주는 것 같아 막힌 속이
뻥 뚫린 듯 시원하네요.
친절과 애교가 여자의 호감도 구별법이란 아린 님의 조언, 완전 가슴에
새기겠습니다.

그럼 저의 답변으로 들어가서,
남자들의 친절은 딱 두 가지입니다.

몸에 친절이 배인 남자 vs 호감에 의한 친절을 베푸는 남자.

몸에 배인 친절을 만인에게 베푸는 남자는 자연스러움이 묻어납니다.
차문을 열어 줄 때도,
차도 쪽이 아닌 인도 쪽으로 여자를 걷게 할 때도,
여자가 의식하지 못할 정도로 아주 자연스럽게 행동합니다.

하지만, 호감이 있는 남자는 모든 행동들에 여자가 내심 알아주길
바라는 흔적들을 남깁니다.
차문을 열어 줄 때도 왠지 모르게 의식적이 되고,
인도 쪽으로 유도 할 때도 작은 터치나 행동으로 자신의 배려를 여자가
느끼길 바랍니다.
특히, 보편적으로 여자가 좋아하는 친절함들(의자를 빼주거나,
안전벨트를 손수 매주거나 등등...)에 대해서 유독 의식하듯 실천하는
남자라면 분명 상대에게 호감이 있어서 하는 행동이라고 보시면 됩니다.
좀 더 구체적인 팁을 드리면,
단둘이서 함께 할 때 매너 좋은 친절을 베푼다면 더욱 확실한 관심 표현
입니다.

반대로 여럿이 함께 있는 자리에서 친절을 베푸는 남자라면 같은
친절이라도 몸에 배인 친절일 확률이 좀 더 큽니다.
뭐, 가끔 여자의 주변 사람들에게 좋은 이미지를 심어 주기 위해
다른 여자에게도 친절을 베푸는 경우도 있지만 그런 경우는 대다수가
서로 연인이 된 이후에 주로 이루어집니다.

지금 눈앞에 있는 그녀에게 집중해도 모자랄 판에 다른 사람을
신경 쓸 겨를이 없는 거죠.
설사, 있다 하더라도 그녀와 주변인을 대하는 친절에는 분명한 차이가
있습니다.
미소를 띠우더라도 한 번 더 띠우고,
무엇보다 순서적인 면에서도 항상 그녀가 일순위죠.
그녀를 먼저 챙기고 다른 사람을 챙기는 겁니다.

그러니 혹시 아린 님 주변에 누군가가 자꾸 드라마나 영화에서 본 듯한
뻔한 친절을 유독 단둘이 함께 할 때 뻔히 티나게 베푼다거나,
여럿이 있어도 나에게 더욱 친절함이 크다면 당신을 향한 구애공세라고
보셔도 무방할 듯 하네요.

아린 님, 저의 오늘 질문은 다시 연락이 닿으면 꼭, 꼭 물어보려고 했던
건데, 다름 아닌 골키퍼 있는 골대에 관한 질문입니다.
예전에 골키퍼 있는 골대에 골을 넣는 것에 대한 질문을 드렸었는데
이번엔 그 연장선에서의 질문을 드리고 싶네요.

남친이 있는 여자에게 계속해서 관심을 표현했을 때
혹시, 그녀가 흔들리고 있는지 아닌지를 확인하는 방법이나
여자 특유의 행동들이 있나요?
그리고 만약, 전혀 가능성이 없다면 그건 여자의 어떤 점들을 보고
알아야 하는지 팁 좀 알려 주세요.

지금 그녀는 흔들리고 있습니다

아린의 네 번째 답장

남자들은 단순한 동물이라더니…
진짜 그런가 보네요.
친절에 대한 정확한 이분법, 잘 기억하고 잘 관찰해서 저에게 관심 있는
남자들을 놓치지 않고 체크해야겠어요.
그렇다고 제가 도끼병이 있다거나 그런 건 아니고.. 흠흠…

그런데 가끔 돈테 님은 저를 자극하는 질문을 하는 경향이 있어요.

이번 질문이 그래요.

왜! 남자 친구가 있는 여자를 탐내는 거죠? 남자들은??

남자들이 자꾸 그러니까 커플남녀와 솔로남녀의 비율이 심각한
불균형을 초래하고 있는 거라고요!

왜!!!!
why???
우째서!!!!!!
응???

이 새벽에 모니터 앞에서 열 내고 있다고 이상한 여자로 오해하진 말아
주세요. 어디까지나 돈테 님이 자극한 거니까요.

물론 예로부터 이런 말이 있긴 했죠.
'남의 떡이 더 커 보인다.'
그래서 남의 여자가 더 예뻐 보이는 건가요??

에효.
열 받아 뭐하겠어요.

마음이 그리 하는 건데...
마음이 가는 건 신도 어찌할 수 없다는 걸 너무 잘 아는걸요.
〈한여름 밤의 꿈〉에 나오는 숲의 요정 오베론과 티티아나를 만난다면
가는 마음을 요리조리 바꿀 수도 있겠지만.

그래서!!!!
돈테 님은 지금 남자 친구 있는 여자에게 계속되는 애정공세를 펼쳐
보이고 있다??

물론 지난번에 제가 말한 것처럼,
현재의 그 남자 친구보다 돈테 님이 '앞으로 보나' '뒤로 보나'
'옆으로 보나' '까뒤집어 보나' 확실히 조금은 더 나은 것 같고!
이 조건이 완벽하게 충족돼야 하는데…
그렇다면!!! 그 여자는 지금 흔들리고 있어요.

안 흔들린다면 거짓말이겠죠.
자기 좋다는 사람 마다할 사람은 없으니까 말이에요.

하지만 그 여자는 흔들리고 있어도 티를 안내려고 할 거예요.
왜냐하면 들키면 안 되니까.

그런데!
남자 친구가 아닌 둘이 있을 때,

당신을 바라보는 표정이 처음보단 더 밝아져 있을 테고
당신의 건강을 걱정하는 말들을 많이 하고 있을 거고
당신의 일과를 궁금해하는 문자를 가끔 먼저 보내겠죠.
그리고 남자 친구와의 데이트로 빼놓은 황금 같은 주말시간을 당신을
만나는 시간으로 할애하고 있을 거예요.

게다가 당신과 전화나 문자하는 횟수가 처음보다 늘었다면
그 여자는 조금씩 흔들리고 있는 거예요.

지금 그 여자에겐 지루해진 남자 친구의 말들보다 당신의 말들이
조금 더 재미있게 들릴 테니까...

요즘 여자들은 용기가 있어요.
예전과는 많이 달라졌죠.

이런 미묘한 변화보다.
정말 당신에게 흔들린다면 남자 친구와 양다리를 결심하고 있을지도
몰라요.
양다리는 남자들의 전유물은 아니니까요.

삼각관계의 주인공이 되고 싶다면 그녀의 변화를 관찰해도 좋아요.
하지만 삼각관계의 주인공이 되고 싶을 만큼 그녀가 좋은지 먼저 생각해
보는 것도 좋을 듯 싶네요.

흔들리더라도 결국 그 여자는 남자 친구에게 돌아가게 되어 있을
테니까요.
남자들도 그렇지 않나?
뭐.. 남자 친구보다 치명적인 매력을 가졌다면.. 그녀를 차지할 수도
있으니 너무 좌절하진 마세요.

어쨌든 제 답변이 도움이 돼서 돈테 님이 그녀의 심장을 뺏어오길 빌어요!!!
그런데.,... 웬만하면 임자 있는 사람은 건드리지 않는 게...
연애에도 상도덕이라는 게 있잖아요?? :)

이제 제 질문으로 돌아갈게요.
돈테 님,
좋아해서 연애를 시작하게 되면.
그 시작을 단단히 하는 게 중요하다고 생각하거든요.
그래야 사랑도 더 깊어지고 더 단단해지지 않을까...
뭐 저의 이론이긴 하지만.

연애를 시작할 때.
남자가 나의 매력에 폭 빠져 정신을 못 차리게 해서 단단하게
묶어 두려면 어떤 비법을 써야 하나요?

요즘 연애를 시작하고 있는 제 친구가 고민에 빠졌어요.
워낙 솔직한 게 매력인 친구라 솔직하게 다 표현하고 싶은 걸 싫다고
표현했더니 남자 친구가 자기를 조금 멀리하려 하는 느낌이 든다는
거예요.

그리고 처음부터 너무 많은 애정표현은 남자의 버릇을 나쁘게 한다는
여자들 사이의 이론 때문에 하고 싶은 걸 꾹꾹 눌러 참았더니 또 이 남자가
미지근하게 변해가는 거 같다고.

이러지도 저러지도 못해 멘탈 붕괴에 빠진

제 친구가 남자 친구를 꽉! 묶어 둘 수 있는 방법은 뭐가 있을까요?

넌 내게 반했어!
내 남자를 꽉 묶어 두는 법

돈테의 5번째 답장

아린 님을 자극했다면 사과의 말씀을 올립니다.

하지만, 아린 님 생각처럼 단순히 남의 떡이 커 보여서 맘이 가는 건
절대 아니에요.

알면서도 마음이 가고, 그러지 말아야 한다는 걸 느끼면서도 어느새
그녀를 맘에 품는 건 정말 이성적인 의지로 조절할 수 있는 게 아닌 것
같아요. 살아가며 어쩔 수 없다는 건 핑계라고 하지만 이성에게 있어서
만큼은 예외로 두어 주었으면 하는 바람을 가져 봅니다.

호감도의 반응을 알 수 있는 건 결국, 눈을 뜨고 귀를 열어서 보면 보여
지고 들으면 들리는, 느낌으로 알아지는 것이란 사실은 남자와 별반 차

이가 없는 것 같네요.

한데, 결과적으로 다시 전 남친에게로 돌아간단 사실은 못내 찝찝한 아쉬움을 남깁니다.

참고로, 아린 님이 오해하시는 것 같은데,
이번 질문이 제가 그런 이성이 있어서가 아니라 행여, 그런 상황이 닥칠 때를 떠올리다 보니 궁금하기도 하고 대비적 차원의 질문이었다는 사실을 알아주셨으면 하네요.
(아린 님이 어느 순간 저에게 의미 있는 존재가 되었나 봐요.
이 와중에 이미지 관리 하는 걸 보면...)

남자를 내 치마폭 속에 24시간 꽁꽁 묶어 두는 방법...???
만약, 진정 그걸 원한다면 지금 아린 님의 친구 분은 완전 반대 방향으로 행동하신 것 같네요.
(뭐, 물론 이미 남친의 반응을 경험하셨으니 아셨겠지만...)

우선, 누누이 말씀드리지만 여자들이 절대 하지 말아야 할 행동들 중 하나가 바로 솔직한 표현입니다.
특히, 싫은 것에 대해서만 솔직히 표현한 거라면 남자가 거리를 둘만하죠.
학교 때 들은 잔소리만 해도 지긋지긋한데 제 아무리 좋아하는 여자라 해도 불만만 표출하는 여자와 계속 함께 하고픈 남자는 없을 테니까요.

제가 볼 때 아직 연인의 관계로 이어지고 있다면, 그리고 남자가 친구 분을 여전히 여친으로 생각한다면 잠시 쉬어가기 위해 거리를 두는 걸 거

예요. 잔소리도 시간이 지나면 잊혀지니 그때가 되면 다시 친구 분이 그
리워지겠죠.
그것보다 좀 더 심각한 상황이라면 남자는 아마 이별을 서서히 준비하
고 있을지도 모릅니다.
남자는 여자를 안식처로 생각합니다.
일상과 업무에 지친 심신을 위로받고 그녀와 함께 하는 그 순간만은 행
복하고 싶은 맘이 크거든요. 그런 남자에게 불만이나 부정을 표한다는
건 있던 매력도 소멸시키는 무서운 마력같은 겁니다.
싫은 걸 표현할 때는 직접적이거나 누구와의 비교보다 자연스레 남자가
눈치챌 수 있게 넌지시 운을 떼는 정도로 끝내세요.
당신에게 잘 보이고 싶은 맘이 굴뚝같은 남자이기에 당신의 말 한 마디
한 마디에 귀를 쫑긋 세우고 있는 상황에서 결코 그냥 지나칠 리 없을 테
니까요.
그래서 남자가 눈치를 채고 당신이 원하는 대로 행동한다면 그때는 아
낌없이 칭찬해 주세요. 신이 난 남자는 당신의 말 한 마디에 호적이라도
바꿀 태세를 갖출 테니까요.

애정표현의 수위에 대해 질문들을 종종 듣는데 대답을 해드리자면,
적당한 애정표현을 일관성 있게 하는 게 정답이라면 정답입니다.
애정표현에 익숙지 않은 남자들에게 '사랑해'라는 단어는 살짝
낯간지러운 표현이 될 수 있으니 직접적인 표현은 아주 가끔 정말 가슴이
벅차올라 터져 버릴 것 같을 때나 한 번씩.
대신, 사랑의 마음을 전하고 싶다면 어느 영화에서 나왔듯 서로만의
암호를 하나 정해 표현하는 방법을 써 보세요.

덧붙여 기왕이면 '사랑해'를 '자동차', '야구공' 같은 남자들의 환경 속
언어로 쓰는 게 좀 더 남자들이 망설임 없이 쉽게 표현하고 내뱉을 수 있
답니다.

무엇보다 내 남자를 확실하게 묶어 두는 방법은 뭐니 뭐니 해도 인내심
입니다.
남자들에게는 그간의 연애 과정에서 쌓여진 나름의 연애이론과 생각들이
있습니다.
한데, 그 공식을 벗어나면 남자들은 혼돈이 생깁니다.
그리고 그 혼돈은 궁금증으로 이어지고 양파 껍질 까듯 까면 또 새로운
궁금증이 나오는 여자에게 매력을 느끼게 됩니다.
그로인해 여자에 대한 탐구심이 발동해 여자 곁을 맴돌며 머무를 수밖에
없습니다.

그 양파의 비법은 무한의 인내력입니다.
당연히 전화할 상황에서도 참고 인내하며 기다리다 지쳐 남자가 연락할
때까지 연락을 하지 않고,
남자에게 연락이 오면 태연히 전화를 받는,
한 마디로 여우같은 내숭이 필요한 거죠.

하지만, 여기서 조심해야 할 건 주구장창 일관성 있는 인내는 자칫
남자에게 무관심하다는 오해를 불러일으킬 수 있는 만큼 세 번을 인내
했으면 한 번 정도는 배려의 맘을 보여 주는 게 중요합니다.

예를 들어, 항상 먼저 연락하는 남자에게 여자가 전화를 걸면 남자는
'웬일이지?'란 의아함과 함께 전화를 받습니다.

"웬일이야, 무슨 일 있어?"

이때, 그간 쌓였던 남자의 서운함을 한방에 날려 줄 센스 있는 답변이
필요합니다.

"응, 갑자기 왠지 모르게 자기가 너무 보고 싶어서…"

이 한 마디면 남자는 그동안 스며들었던 서운함과 보상받고 싶었던
모든 마음들이 눈 녹듯 사라질 겁니다.
사실, 남자는 단순합니다.
일에 있어서는 그렇게 냉정하고 원칙적인 남자도 사랑 앞에선 결국
사랑받길 원하는 하나의 인간일 뿐입니다.
해서 오늘의 질문을 종합해 결론 내리자면,

사랑은..
과하지도 부족하지도 않은
표현의 적절한 타이밍을 아는 것이다!

여기서 질문,
아린 님, 남자들에게 있어 여자에 대한 여친으로서의 최종관문(?)이자
확인 절차는 주변인에게 소개하는 것인데, 여자들은 어떤가요?

만약, 여친이 자신의 주변인들에게 남자를 소개하는 건 남자 친구로
인정을 한다는 얘긴가요?
그리고 만약, 시간이 흘러도 주변 친구나 동료에게 소개하지 않는다면
그건 아직 남친으로서의 자격이 되지 못해 망설이는 건가요?

Officially(공식적) vs
Unofficially(비공식적) 남자친구

아린의 다섯 번째 답장

'지나친 건 부족한만 못하다.' 라는 말이 있죠.
이 말은 '사랑'에도 동하나 봐요.

내 남자가 편안할 정도까지만 솔직하고
내 남자가 따라올 만큼만 표현하기.
꼭 기억할게요.

그런데 요 포인트에 남자들이 요거 하나만 기억해 준다면 좋을 것 같아요.

남자들이 여자를 '안식처'라고 생각하는 만큼

여자들도 남자들을 '내 나무'로 생각한다는 걸.

요즘 시대에도
많은 남자들이 여자들에게 자신의 '안식처'가 돼 주기만을 바라고
있는 게 아닌가 싶어서요.
(돈테 님만 그런 거일 수도 있고 말이죠...)

여자들도 말이에요.
지치고 힘들 때 남자 친구가 아무 말 없이 큰 아름드리로 감싸 안아주거나
기댈 수 있는 둥지를 내어주는 '나무'였으면 한다는 사실.

안식처가 되어주길 바란다면 나무가 될 준비도 해야 한다는 거.
요것만 기억해 주세요.

아.. 제 나무는 어디서 뭘 하고 있는 걸까요?
다른 사람한테 팔 벌리고 기대라며 멍청한 짓 하고 있는 건 아니겠죠?

돈테 님의 이번 질문에 궁금해졌어요.

남자들이 자신의 친구에게 여자 친구를 소개하는 건 힘든 일인가요?
그럼 쉽게 소개하면 그건 여자 친구가 아닌 건가요?
아니면 소개되면 이제 난 그 남자의 여자 친구라고 생각해도 되는 건가요?

돈테 님의 질문을 보고 나서 '그렇다면!' 이란 생각이 들었어요.

그러면서 나를 친구들에게 소개했던 남자들의 얼굴을 떠올려봤네요.
그랬더니 이 이론은 왠지 남자들에 따라 개인적인 차이가 있단 생각이
들더라고요.
왜냐하면 저를 소개했던 남자들이 모두 다 제 연인은 아니었거든요.

남자들은 '친구들'과의 모임을 사회생활의 아주 중요한 부분으로
생각하고 있어서 '내 여자'의 마지막 인증을 자신의 친구에게
소개시키기 단계로 생각하는 것 같은데..
여자들의 경우에는 꼭 내 남자 친구이기 때문에 소개시키지는 않아요.
그리고 마지막 인증 단계로 '친구에게 소개시키기'가 들어가는 것도
절대! 아니구요.

그냥 말 그대로 '소개'일 뿐이지 큰 의미는 없어요.
큰 의미가 있는 경우는 오직 하나!
'결혼 상대'는 아주 큰 의미를 갖고 친구들에게 소개하게 되죠.

결혼이 아닌 연인 사이에서는 소개를 시킬 수도 아닐 수도 있어요.

해도 그만? 안 해도 그만? 인거죠.

여자의 성격이 친구커플이랑 함께 어울려 노는 걸 좋아하면
연애 초기부터 소개시킨 후 함께 재밌게 지내죠.
심지어는 모든 약속에 남자 친구를 대동하는 몹쓸(?) 여자들도 있답니다.

솔로 친구들의 기분은 눈곱만큼도 생각 안하는...
남자 친구가 물주로 등장해주니 그리 나쁜 것도 아니지만
집에 돌아가면 마음 한켠이 헛헛해져 추가로 양푼에 밥이라도
비벼먹어야 허한 마음이 채워지더라니까요.
앗! 갑자기 포커스가 잠시 흐트러졌네요. 죄송. :)

한편 어떤 여자는 내 남자를 친구에게 절대로 소개시키지 않는 경우도
있어요.
이 경우엔 '혹시나 내 남자 뺏길까봐...' 라는 심리와 '내 남자를
험담하면 어쩌지?' 하는 여자의 심리가 함께 존재하죠.

여자들은 자기 남자 친구가 친한 친구의 남자 친구보다 '한 뼘'이라도
나았으면 하는 생각들을 갖고 있거든요.
첫 번째는 외모(키)..
두 번째는 능력..
세 번째 정도가 성격...
요 순으로 친구 남자 친구보다 한 뼘이라도 낫다.. 싶을 때 자신 있게
소개하지만 조금 모자라다.. 싶으면 '소개'의 단계를 취소하고 싶어져요.

둘만 있을 때 보이지 않던 것들이 친구들이 등장하면 보이기도 하거든요.
눈치를 보게 된다고 해야 하나...

아마 친구에게 소개를 망설인다면
그녀 친구들의 남자 친구들이 아주 멋있다거나,

혹은 내 남자 뺏길까봐 숨겨 두는 경우.
이 두 가지 경우라고 보면 돼요!!

근데 여자들은 굳이 친구들에게 소개해야지 내 남자 친구다 라는
생각을 하진 않는 답니다.

남들에게 인정받아야 '사랑'은 아니니까요. 제 눈의 안경!!!
제 남자가 제 눈에만 멋있으면 됐지! 반드시 쇼윈도에 전시되어
평가받을 이유는 없으니까.

돈테 님.

어떤 여자에게 두 남자가 있어요.
너무 잘해주지만 덜 끌리는 남자와
너무 차갑지만 끌리는 남자.

두 남자 모두 이 여자를 헷갈리게 하고 있어요
이쯤에서 여자는 마음을 표현해야 할 것 같은데.
어느 쪽에 손을 내밀어야 '사랑' 이란 걸 시작할 수 있을까요?

잘 해주지만 덜 끌리는 남자 vs
차갑지만 끌리는 남자

어느 쪽에 손을 내밀어야 할까?

새삼 느끼는 거지만 역시 여자들은 서로 간에 무언가 경계와 질투의
장막이 서려 있는 것 같네요.
적어도 대다수 남자들은 친구 여친을 마주하게 되면,
'내 친구와 얼마나 어울리나?'
'보여지는 단점은 무엇인가?'
에 대해 비교 평가해 친구에게 조언을 해 주는 입장이거든요.
노래 가사처럼 친구의 친구를 사랑하는 건 아주 보기 드문 특별한
케이스에요.

하지만 보기 드문 만큼 그런 마음을 가지는 상황은 남자에게 큰 고통이죠.

그저 바라보는 것만으로도 힘겨워 애써 그녀를 밀어내지만 그럴수록
더욱 더 깊어지는 가슴앓이…
불현듯 상황을 모르는 친구의 부탁으로 짝사랑 그녀를 태우고 가는
차 안에서 마르는 입술과 쿵쾅거리는 가슴을 숨기려 애써 과묵하게
핸들만 잡고 가던 그 순간,
그녀를 위해 미리 선곡해 둔 윤종신의 "오래전 그날"만이 나의
진심을 전하던 그때…
그녀는 제 마음을 제 진심을 알고 있었을까요?
그냥 이대로 멈추지 않고 세상 끝을 향해 한없이 달려가고 싶은 욕망을…
사랑과 현실 속에서 결국 현실을 선택한 전 비겁자일까요?
아님 그녀를 배려한 용기 있는 자였을까요?
밀레니엄의 열기가 한창 들끓던 2000년 1월의 어느 날, 차 안 가득한
그녀의 미소와 향기가 가득한 그곳으로 잠시 시간여행을 떠나고 싶어
지네요.

아린 님, 저의 질문을 받고 뭔가 살짝 오해를 하시는 것 같은데 남자들도
사랑하기에 기본적으로 그녀를 위한 나무 그늘과 든든한 기둥이 되어
주어야 한다는 건 기본 상식으로 안고 있어요.
단, 어느 쪽으로 치우치느냐에 따라 다르지만…
예를 들어 단순히 물질적으로 충족 시켜주는 것이 최고라고 여기는
이들도 있고,
때론, 따뜻한 마음의 위로가 최고라고 여기는 남자들도 있으니까요.

물론, 정답은 둘 다를 적절히 버무려 표현하고 전하는 남자가 여자들이

진정 바라는 이상형이겠지만 그러기엔 사회생활을 하는 남자로서는
결코 쉬운 일이 아니랍니다.
무엇보다 여자들은 항상 자신의 남친이 친구들의 남친들보다 뭐든
잘나길 바라니까요.
특히, 커플들끼리 모이는 자리에서 부족한 자신을 발견하거나 무심코
던진 여친의 친구 남친과의 비교 멘트에는 분노를 넘어 상처 받은
자존심을 만회하고자 하는 의욕 충만이 생깁니다.
그때부터 남자는 오로지 자신의 부족한 부분을 채우기 위해 달리기
시작합니다.
물질이 부족하다 느꼈다면 돈독이 오르고,
배려나 애교가 부족했다 느끼면 버터에 밥을 말아 먹고서라도 부드러워
지려 노력합니다.
심지어 외모에 대해 굴욕을 느꼈다면 성형까지도 감행하는 경우도
있습니다.
그렇게 여친에게 있어 자신의 부족분이 물질적 풍요라 생각하는 남자는
통장 잔고를 늘리기 위해 발바닥에 땀이 나도록 다니느라 여친이
원하는 때 원하는 기분을 채워주지 못하고,
그와 반대로 뭐니 뭐니 해도 마음이 최고라 여기는 남자는 방바닥에
엎드려 그녀에게 구구절절한 연애편지를 쓰느라 일할 시간을 포기하죠.

뭐, 이해를 돕기 위한 살짝 과장된 표현이긴 하지만 그만큼 남자에게
있어 여자의 말 한 마디, 행동 하나는 인생을 바꿔 놓을 만큼 중요합니다.
그러니 웬만하면 무심코라도 비교평가는 자제해 주시길...

그나저나 여자에게 있어 친구들에게 보여주는 남친의 의미가 그렇게
가벼운 잔털같다니…
아린 님의 답변을 듣고 돌이켜 생각해 보니 그간 나름 여친의 친구들과
의 만남에 대해 참으로 부담감을 안고 비장함마저 지닌 채 동석했던
순간이 허탈해지네요.
그나마 함께 데리고 나갈 만큼 나름의 매력:) 을 지녔다는 게 씁쓸한
마음에 위로가 되긴 하지만…

너무 잘해주지만 덜 끌리는 남자 VS 너무 차갑지만 끌리는 남자

뭐, 요건 여자뿐만 아니라 남자들도 늘상 안고 다니는 숙제이긴 한데…
게다가 더욱 혼란스러운 건 우린 모두 어떤 것이 정답인지를 알면서도 쉽사리
선택을 하지 못한다는 거죠.
당연 정답은 행복한 미래를 위해서라도 나에게 잘해 주는 남자겠죠.
한데, 요놈의 감성이 후욱 끌리지 않아 쉽사리 발길이 떨어지지 않는 걸
어찌하오리까.
그쵸, 아린 님?
(왠지 솔솔 피어나는 냄새가 아린 님의 고민인 듯한데…)

남자 된 입장에서 순순히 남자의 내면을 파고! 들추고! 벗기어 내고!
답을 드리자면…
그래도 역시 나에게 잘해 주는 남자입니다.
차갑고 나쁜 남자는 미래를 설계하기엔 혈압약을 달고 살 각오를
하지 않는 이상 절대 비추입니다.

일단, 당신이 나쁜 남자인 줄 알면서도 끌리는 만큼 많은 여자들에게
매력을 흘리고 다니는 남자일진데 그 감당을 어찌하려고 그러십니까?
그냥 긴 설명도, 구구절절한 답변도 필요 없고, 거두절미하고 두말할 것
없이 늘상 곁에서 챙겨주고 잘해 주는 남자 만나세요.
남자로서의 매력이 느껴지지 않는다고 하지만 막상 연애를 시작하게
되면 그 순해 보이던 남자도 내 여자를 지키기 위해, 때론 내 여자이기에
그간 숨겨 놓았던 그대가 부족하다 여기던 차갑고 냉정한 동물적 본능
에서 우러난 야수적 기질을 보일 테니까요.
속는 셈 치고 한 번 믿어 보세요.

이쯤에서 저의 질문!!!
아린 님, 남자들이 가장 어려워하는 것 중 하나가 연애에 대한 속도입니다.
때론 너무 성급한 진행 속도로 선수 아니냐는 의심을 사기도 하고,
또 어느 때는 너무 공을 들이다 이별을 선고 받기도 하는데...
도대체 연애를 시작하고 사랑한다 말하는 때는 어느 때고, 스킨십의
적절 타이밍은 언제 인가요?
시기적으로 단정 지어서 말해 주실 순 없겠지만 대략이라도, 아니면
여자들만의 행동이나 제스처로 알아차릴 수 있는 눈칫밥을 좀 알려
주세요.

그와 나의 사랑 속도...
당신은 시속 몇 키로 인가요?

Julie Powell • 145

And it really was a cakewalk. Or at least it all went
as smoothly as could be expected. Or maybe not, but
between all the Pepsi One and having my first aspic done,
by six o'clock, when Gwen arrived, I was flying anyway.
Famished, but flying.
Gwen is not so much polite as she is considerate. So
while she had the good sense not to eat any more than
the token bite that proved indubitably that Oeufs en Gelée
was not something she would ever again in this life sam-
ple, she also had the good grace to say, "Julie, this isn't
your fault — it's just the recipe." The soul of kindness,
that Gwen. I wanted to believe her, but when I nodded
my head as if to agree, I could hear a familiar voice in my
head, yodeling on about how frightfully elegant an aspic
might be, and I felt ashamed.
The good thing about starting your Thanksgiving feast
with Oeufs en Gelée is that everything afterward is going
to taste pretty goddamned great by comparison, and by the
time we'd gotten through the gorgeously crisp and moist
goose, the prunes stuffed with duck liver mousse, the cab-
bage with chestnuts, the green beans, and the creamed
onions, aspic was largely forgotten, and we didn't even
mind much that I had begun the Thanksgiving prepara-
tions with the absolutely insane idea that I would
chocolate soufflé for dessert once we were fini
dinner. This, of course, being the delusion o
mind. Then, having fed t   ouch for
mind it at all, we move   a traditi
day screening of Tru   us in F
that my brother was   game o
decided to make a

늘 계획표를 짜서 덤비려는 남자와
feel이 꽂히면 이끌어 주길 바라는 여자.
그래서 너무 다른 이야기.

아린의 여섯 번째 답장

돈테 님,
역시 나에게 잘해 주는 남자가 최고인 거죠?
내가 끌리는 남자 만나면 나중에 내가 고생하는 거죠???

그런데 이노무 아이러니는 해결이 안 될까요?
나에게 잘해 주는 남자에게 언젠가 기다리면 생길 것 같은 그 끌림이
절대로 생기지 않는 경우도 있단 말이죠.

신도 야속하시지.
내가 끌리면서 동시에 나에게 잘해 주는 남자는 왜 내려주지 않으시는지...

돈테 님의 답변은 일단 접수할게요.
늘 똑같은 대답이라 좀 심심하지만.
이런 질문엔 꼭 정답이 있는 것 같단 말이에요.
이런 걸 진리라고 하는 건가...?

그리고 이제 돈테 님의 질문에 대해 제가 답장을 해야 하는 거죠?
그런데... 오히려 제가 되묻고 싶어요.

그걸 꼭 계획에 맞춰 시기를 맞춰 해야만 할까요?
그냥 끌리는 대로 화끈하게 하면 안 되나요?

객관적인 시기는 있을 수 있겠죠
심리학적으로 요롷게 접근하면 된다거나 연애박사들이 카운슬링
해주듯 풀이를 해서 정확히 그 속도는 40km/h 라는 식의 답변을
내려드릴 수도 있어요.

하지만 전 이번 질문에는 그냥 절.대.적.으로 개인적이다 라고
얘기하고 싶네요.

남녀 사이의 일은 통속적이고 표준적인 법칙이 통할 경우도 있지만
아닌 경우가 더 많은 것 같아요.
그래서 지금 돈테 님과 제가 메일을 주고받고 있는 거니까.
저만 해도 그냥 날 사랑한다면 화끈하게 사랑한다는 표현을 해 줬으면
하는 여자중 하나거든요. 반면 제 주위의 한 친구는 최대한 천천히 표현

해 주길 원하기도 해요. 제가 볼 땐 좀 답답할 정도이지만.
이렇게 여자마다 적정 속도라고 생각하는 연애의 속도가 있다는 거죠.
두 여자한테 같은 속도로 접근했을 때 한 여자는 그것도 빠르다 할 수 있고
한 여자는 답답해 죽겠다고 떠날 수도 있는 거예요.

돈테 님의 과거를 한 번 생각해 보세요.
연애의 경력 중에 가장 베스트라고 생각했던 속도로 접근했던 여자들의
경우 모두 다 퍼펙트하다고 받아들이던가요?
아니죠?? 아마 아닐 거예요.

여자는 말이에요.
그 사람이 너무 좋으면 이 남자가 좀 더 빠르게 좀 더 적극적으로 나에게
다가오기를 바란답니다. 물론 스킨십의 경우는 조심스럽고 소중한 느
낌을 담아 접근해 온다면 더 좋겠죠.

단, '사랑한다'라는 말은 쉽게 꺼내지 않는 게 좋으실 거예요.
'사랑한다'는 말이 가진 무게감을 여자들은 백 캐럿의 다이아몬드 보다
무겁고 소중하다고 생각하거든요.
조금 이른 시기에 남자들이 꺼내는 '사랑한다'라는 말은
가벼운 깃털보다도 못하게 느껴질 때가 있어요.

지금 제 대답에 돈테 님이 '이게 뭐야.. 그럼 나보고 어쩌라고?'
라고 말하고 있을까봐...
조금 찔려서 정확한 수치는 아니지만 평균적으로 사랑한다는 말을 하기에

적절한 타이밍을 캐치할 수 있는 신호 하나만 말씀드릴까요?

서로를 바라볼 때 말이에요.
대화를 하는 순간일 수도 있고
그냥 어떤 목적 없는 일상의 어느 순간,
여자 친구가 당신의 눈을 바라보는 시간이 길어졌다면
그땐 다음 단계로…
그리고 조심스럽게 사랑한단 말을 마음이 품어도 돼요.

그런데 다시 말하지만
요 건에 대해서는 여자에 따라 개인차가 심하게 있습니다.
연애의 속도는 여자에 따라 개인적인 차이가 있어서 그걸 맞추려면
남자들은 머리가 좀 아플 것 같네요.
그래도 언제나 진심은 통하니까 그 여자가 정말로 좋다면 그냥
느낌 가는 대로 feel 가는 대로 표현하고 밀어붙여 보세요.

연애에 있어서 남자들은 늘 플랜을 세우려 하는데
여자들은 feel을 믿거든요.

'feel'을 잡아요. 그리고 'feel'을 믿어 보세요.
그럼 돼요.

돈테 님!
'feel'을 사랑이라는 시험의 정답지로 믿는 여자들이 헷갈리는 게 있어요.

'feel'이라는 탈을 쓰고 남자들이 부리는 술수가 있거든요.

바로 남자들이 여자들의 마음을 훔치려 할 때,

그러니까 '꼬실 때' 하는 말들...

그 말들이 너무 통속적이어서 진심이 아니라고 생각하고 거부해 버렸는데

나중에 알고 보니 그 사람이 진짜 나에게 관심이 있어서 한 말들이었더라..

하면서 후회로 땅을 치는 경우도 있고,.

진짜 나한테 관심 있는 줄 알고 '아... feel이 왔다.' 생각했는데

알고 보니 주위 다른 여자들 평균 세 명 이상한테 날리는 뻐꾸기(?) 였고..

남자들이 관심 있는 여자한테 하는 말들 중에

진심이라고 믿어도 되는 말들은 뭐가 있을까요?

남자들의 언어 : 꼬심과 진심사이

그 일곱 번째 편지

Feel 이라……
역시 알지만 보통 남자에겐 레고 맞추기보다 어렵고 헷갈리는 것 같아요.
특히, 그 Feel이 착각의 부메랑으로 돌아올 때 밀려오는 뻘쭘함이 두려워
그녀가 대놓고 입술을 내밀기 전까지는 쉽사리 덤벼들기가 쉽지 않네요.
(나이를 먹어서 자신감이 떨어져서 그런가...)

아, 어느 영화에서처럼 여자의 속마음을 읽을 수 있는 기계는 없으려나?
개발만 되면 적금을 털어서라도 당장 살 텐데...
그나마, 아린 님이 있어 다행이란 생각이 드네요. 그런 의미에서
집 주소 알려 주세요. 감사의 선물 보내 드릴게요. (진심으로)

아차, 신세 한탄하느라 중요한 사과를 빼먹었네요.
답장 기다리셨을 텐데 좀, 아니 많이 늦어서 죄송해요.
요즘 산더미같이 쌓인 일들에 파묻혀 있느라 여유가 없었어요.
사실, 지금도 일하던 도중에 잠시 짬을 내 답변 드리는 거예요.
그러니 성의를 봐서라도 너그러이 이해해 주시와용... :)

남자의 진심 멘트 감별법이라...
대답부터 해드리자면 아마, 대다수의 말들은 진심일 거예요.
단, 그 유효 기간에 차이가 있다는 게 문제겠죠.
단지, 정복욕이 타올라 환심을 사려는 남자라면 그 기간이란 게 말을
안 해도 언제까지 인지 불을 보듯 뻔하겠죠.
이런 남자들의 특성을 몇 가지 추려보자면...

첫째, 예스맨!
당신의 말이라면 뭐든 예스인 남자는 다분히 본능적 목적이 강할
소지가 큽니다.
이런 남자를 감별하는 법은 의외로 간단해요.

그가 'YES!' 할 때, 당신은 'NO!'를 외치세요.

단순히 정복을 위해 당신에게 접근한 남자라면 제 풀에 지쳐 서너 번 만에
살포시 맘을 접고 연락 두절될 거예요.
그와 반대로 진심인 남자라면 진심이 느껴져 당신이 마음의 문을 열고
feel 충만에 모든 것을 허락할 때까지 꿋꿋이 당신 곁에 머물겠죠.

둘째, 수다맨!

당신의 질문에 미리 질문지를 받은 사람처럼 막힘없이 술술 답변을
늘어놓는 사람.
특히, 당신이 우려하는 부분에 있어서 어떻게든 당신을 설득시키려는
달변가는 거리를 두고 지켜보시는 게 좋아요.
더불어 당신이 묻지도 않은, 하지만 속으로 궁금한 부분을 귀신같이
알고 자진해 답하는 남자 또한 조심하시길…
그저 몸이 한껏 달아올라 열불 내는 거니까요.

셋째, 센티멘탈맨!

분위기를 너무 잘 아는 남자.
만난 지 얼마 되지 않았는데도 지그시 당신의 눈을 바라보며
'사랑해!'라고 속삭이는 남자.
아린 님 말대로 '사랑해!'란 말을 쉽게 꺼내는 남자는 매력 없다지만,
한 잔의 와인과 함께 야릇한 분위기를 만들고 달콤하게 속삭이는
'사랑해!'는 정신무장을 해제하는 마력이 있잖아요.

종합해 볼 때,
결국 모든 건 여자들의 인내심이 좌우하는 것 같아요.
진심을 알고 싶다면 남자의 말들에 대한 답변이나 수긍을 하기보다
서너 번은 거부의 의사를 밝혀 보세요.
진심이 담기지 않은 남자라면 알아서 나가떨어질 겁니다.

대량 생산된 와인은 단순히 취하기 위해 마시지만 오래 숙성된
값비싼 와인은 귀중히 여기며 가치에 맞게 시간을 두고 맛을 음미
하잖아요.

지금 혹시 아린 님 곁에 달콤한 속삭임을 이어가는 분이 있다면 들어도
못 들은 척, 보여도 안 보이는 척 살짝 거부와 무시를 해 보세요.
채 거르듯 알아서 걸러 질 겁니다.

그렇다고 너무 거부를 하면 안 돼요.
자칫, 진심 어린 남자가 떠나갈 수도 있으니까요.
수치로 따지자면 한 서너 번 정도만 튕겨보세요.
그래도 곁에 남아 같은 멘트를 던진다면 만나며 탐구해 볼 가치가 있는
남자입니다.

그럼, 저의 질문...
아린 님, 여자가 남자에게 금전적인 부탁을 할 때는 어떻게 하는 게
좋은가요?
연인 사이에 당연히 고민 없이 도움을 줘야겠지만 왠지 저라면 후에
그것 때문에 좋지 않은 결과가 생길까봐 쉽사리 결정을 내리지 못할 것
같아서요.
과연, 여자가 그런 부탁을 한다는 건 진심으로 남자를 믿고 사랑하기에
말할 수 있는 건지 아님, 봉(?)으로 생각하고 그러는 건지...
알고 싶어요. 그 속내를.....

사랑의 대부업

아린의 일곱 번째 이야기

오늘은 노란 은행나무가 보이는 까페에 앉아 돈테 님에게 답장을 씁니다.
얼마 후엔 앙상한 가지만 남겠죠?

사랑과 이별이 그런 거 같아요.
사랑할 때는 찬란할 만큼 예쁜 색을 뽐내다가 이별하면 언제
그랬냐는 듯 앙상한 가지만 남아버리니까요.

후에 다른 사랑을 만나면 다시 예쁘게 피어나겠지만 그동안 앙상한
나뭇가지에 새싹이 피어나길 기다리는 그 시간까지는 얼마나 시린지..
돈테 님이나 저나 앙상한 나뭇가지가 마르기 전까지 얼른 좋은 사람을

만나야 할 텐데 말이에요.
근데... 저희 같은 처지 맞죠?

문득 이 질문에 돈테 님이 '저 여자 친구 있는데...' 라고 대답하면
엄청난 배신감이 들것 같은 이 기분은 뭘까요?
얼굴을 본 적도 이름을 아는 것도 아닌데 말이에요.

우리 묘한 이 동질감에 대한 배신은 먼저 하지 않기로 해요.

서두가 길어졌네요.
돈테 님의 충고 언제나 저의 메모리 속에 기억해 놓는답니다.
역시 여자는.. 튕겨줘야 하나 봐요.

단, 남자가 지쳐 떠나가기 전까지만!
그런데 요건 어떻게 알아차릴까요??? 아.. 어렵다.

그나저나
은행잎의 감상에 젖어 있다가 사실 돈테 님의 질문에 화들짝 놀랐답니다.
돈테 님의 이번 질문은 인류역사상 얽기면 제일 골치 아파진다는
'돈'에 관한 이야기라서요.

사랑에 관련된 '돈'은 주로 데이트 비용 부분인데.. 이건 좀 심각한 수준
의 다른 문제인 듯 싶네요.
사귀는 여자가 금전적인 도움을 요청한다...

이 경우는 정말... 진짜... 당장 생계를 유지하기 힘든 상황인데
사랑하는 사람에게 끝까지 숨겨 보려 숨겨 보려 애쓰다가
지독하게도 결국엔 못 버틸 상황에 닥쳐서 하게 되는
그런 상황이 아닌가 싶어요.
'여자들의자존심'이란 남자 못지않거든요.

연애에 있어서 대부분의 여자가 '남자 의존형'인 건 사실이에요.
하지만 결혼도 하지 않은 상황에서 남자에게 인생 모두를 의존하진
않아요.
연애하는데 내 인생을 모두 맡길 만큼 어리석지 않거든요, 우리 여자들.
특히 요즘엔 데이트 비용 부분에 있어서도 독립적인 여자들이 많아지고
있는 게 사실이고요.
예전처럼 데이트할 때 비용은 남자가 내야지.. 하는 거...
요즘 여자들 올드하다고 생각하거든요.
물론! 내겠다는 거 애써 막진 않지만.

그런데 이런 상황과 생각 속에서도 금전적인 도움을 요청했다면 그건
사정이 진짜 심각한 경우일 거예요. 정말 사랑한다면 도와주서야죠.

그런데!!!!!!!
이런 경우가 아니라 그냥 돈을 빌려달라고 한다.
이게 왠지 버릇처럼 한 번, 두 번 계속된다..
꽃거지 처럼 "궁금해요?? 궁금하면 500원!!!"이라고 하는 수준으로
횟수가 늘어나고 당연하다.

이건... 그 여자가 남자를 '봉'으로 생각하는 게 확실해요!

그 여자의 과거에 애교 한 번, 웃음 한 번, 그리고 힘들다 어리광 한 번에
남자 친구가 돈을 건네줬던 경험이 있었던 거죠.

뭐든 처음이 어렵지 그 다음은 쉽다고 하잖아요.

새로운 사람을 만났는데..
그냥 조금 힘든 상황에 슬쩍 한 번 '힘들다' 해 보니 이 남자가 돈을
건네 줬던 거죠.
그러니까 그 다음은 쉬워지는 뭐 그런...

이럴 때 이 여자의 심리는 단순해요.
아. 내 남자 친구한테는 선물뿐만 아니라 돈도 받을 수 있어! 라는
당연한 마음??

물론 다음에 내 남자 친구가 힘든 상황이 생기면 나도 도와줘야지!
하는 마음은 갖고 있겠지만.. 같은 여자로서 왠지 이런 여자를 만난다고
하면 뜯어 말리고 싶네요.
그 남자가 누군지..
전화해 주고 싶어요. 정신 차리라고!

쉽게 금전적 도움을 요청하는 여자의 경우는 둘 관계를 그다지 깊게
생각하고 있진 않을 거예요. 남자가 '거부'하면 떠날 확률도 크구요.

사랑한다면 내 마음을 맡기고 더 큰 마음을 받아가는
그런 마음 대부업 놀이를 하는 게 맞는 거 아닐까요?
그런데 이 상황은 마음이 아니라 돈이 오가는 상황이니까..
뭐든 돈이 연루된 건 끝이 안 좋아요.

돈테 님이 연애에 있어서 돈 이야기를 꺼냈으니
저도 이런 질문을 한 번 해 볼까 해요.

누군가를 좋아하면 그 사람에게 뭐든 해 주고 싶은 게 사람 심리잖아요.
물론, 아닌 사람도 있겠죠.

만약 여자 친구가 선물을 많이 해 주면 남자들은 어떤 생각을 갖나요?
이러면 남자들이 여자를 봉으로 생각하나요??
아니면 튕기는 매력이 없다고 돌아서나요??

좋아하는 사람이 생겼는데 이런 고민 때문에 선물도
마음대로 못해 주면 큰일 나잖아요.

그 여덟 번째 코멘터리

걱정 마세요, 아린 님의 예상대로 확실히 같은 처지랍니다.

인정하고 싶지 않지만 인정 할 수밖에 없는 솔로의 애절함을 만끽(?)

하고 있으니까요.

특히나 추위가 다가오는 요즘은 시린 애절함에 더욱 한기를 느껴

꺼뒀던 보일러를 다시 켜고 지낸답니다.

올겨울 한파가 대단하다는데 벌써부터 걱정이네요....

아, 나의 마음을 녹여 줄 따뜻한 그녀는 도대체 어디에 있단 말인가?

가리봉동 6번 출구...???

역시 모든 인간관계가 그렇듯 남녀 사이에서도 금전적인 게 엮이는 건

좋지 않은 거란 사실을 새삼 확인사살 하게 됩니다.
차라리 맘 편하게 여자가 원하는 금액을 돈으로 주는 대신
기프트 콘으로 줄까 봐요.
액수가 크면 금반지로다가… :)
받는 사람도 갚아야 한다는 부담 없게 말이에요.

근데 영 찜찜하고 받아들이고 싶지 않은 현실은 돈을 요구하는 여자는
남자와의 관계를 깊이 생각하지 않을 수도 있단 말이네요.
불현듯 지나온 과거의 그녀가 떠오르는 건 왜인지…
설마, 나의 그녀는 그런 게 아니었겠죠.
아니, 아니었을 거예요. 암만!!!

이크, 본의 아니게 하소연 아닌 하소연을 하게 됐네요. :)
자, 정신 차리고 맹렬한 답변을 시작하겠습니다.

여자가 하는 선물에 대한 남자들의 생각이라…
뭐, 톡 까놓고 세상에 받는 걸 마다할 사람은 없겠죠.
문제는 그게 버릇이 되느냐! 아님, 진심 감사하는 마음을 가지느냐! 의
차이겠죠.
그렇다면, 그 둘을 가르는 방법은 무엇이냐?
지금부터 알려 드릴 테니 귀 쫑긋 세우세요.

남녀 관계에 있어서 적어도 남자들은 여자에게 선물 하는 것에 대해
당연하다 여깁니다.

특히, 데이트 비용에 있어서 남자들이 내는 경우가 당연시되는 우리네
문화 속에서는 더욱 그러한 경향이 크죠.
그래서인가, 요즘 더치페이가 익숙한 외국 여자들에게 계산에 있어서
솔선수범하는 한국남자들이 인기 있다고 하더라고요.

아무튼, 그렇게 주는데 익숙한 남자들에게 여자의 선물은 왠지 특별하고
감동도 크답니다.
단, 너무 자주하는 선물은 아무래도 그 감동이 떨어지는 건 사실이죠.
남자들에게는 값비싼 선물보다 정성이 들어간 선물이 더욱 감동을
줍니다.
그냥, 돈 주고 산 선물보다는 따뜻한 이 겨울에 손수 뜬 목도리를 선물
하거나, 십자수 쿠션을 선물하는 게 더욱 감동적이고 여운이 오래 가겠죠.
행여 시간적 여유가 안 돼 돈을 주고 선물을 구입해야 한다면 여러 번
보편적인 것들을 선물하기보다 그 돈을 모아 차라리 고가의 남자가
평소 갖고 싶어 하던 선물을 하는 게 나을 것 같네요.

여자들도 마찬가지 아닌가요?
어설픈 꽃보다는 그 돈 모아서 명품 백 하나 건네는 게 더욱 낫듯이...
남자 또한 마찬가지예요.
아무래도 그 값어치에 맞게 더욱 소중히 여기고 제대로 애용하겠죠.

뭐, 남자를 사랑하는 마음이 너무 커서 어울리는 것 보면 당장 사서 선물해
주고 싶은 충동이 인다면 선물을 사서 전하되 단순히 선물만 건넬 게 아
니라 거기에 의미를 부여하는 편지 한 장을 더하는 것도 하나의 방법이

에요.
마음이 함께 전해진 선물은 그 의미를 더하니까요.

하지만, 아무리 그래도 너무 잦은 선물은 남자에게 감동보다는 아린 님
말대로 봉으로 보거나 자신에게 푹 빠졌다는 거만함을 심어줄 수도
있으니 차라리 줄 거면 하나하나 주기보다 모아뒀다 한꺼번에 선물하세요.
그게 훨씬 감동적 일 거예요.
그리고 모든 남녀의 관계가 상대적이듯 그러한 선물을 받은 남자 또한
여자에게 선물을 할 때 그 감동에 걸맞은 값어치의 선물을 할 거예요.

'때 되면 남들 다 받는 흔하디흔한 스카프를 받을 것이냐?'
'한정판 명품 백을 받을 것이냐?'는
결국, 여자의 인내에 달려 있다는 걸 잊지 마세요!!!

아린 님, 남자들이 궁금해하는 질문 베스트 3 안에 항상 드는 질문을
하나 할께요.
간혹 여자들이 이별을 선언할 때 정말 남자가 싫어서가 아니라 누군가
다른 남자가 눈에 들어와서 이별하는 경우가 있잖아요?
이별 앞에서 그런 경우를 예상할 만한 여자의 특징이나 행동들이 있나요?
그리고 만약, 연애 도중 그런 낌새를 미리 알아챌 수 있는 방법이 있다면
어떤 게 있을까요?

CHANEL
YOUR PICS HERE IN 4 min

사랑의 유효 기간이
끝날 때 즈음 맡게 되는
이별 냄새...

아린의 여덟 번째 답장

왜 좋아하는 만큼 다 표현하면 남자들은 도망칠 궁리를 할까요?
돈테 님은 늘 저에게 좋아하는 만큼 다 표현하면 지는 거라고 남자들은
그런 동물이라고 말해 주는데 그 대답을 들을 때마다 전 늘 속상하구
불만이네요.

준다는데 뭐가 그리 복잡한지
이 사람 저 사람 다 주는 게 아니라 당신에게만 주는 거라는데
우리 좀 단순해지면 안 될까요?

단순한 사랑을 꿈꾸는 전 그래서 더 누군가를 만나기 힘든 건가 봐요.

난 단순하게 접근하는데 상대방은 그걸 어렵게 수학공식 풀 듯 어렵게
풀어낸 답을 내밀며 나에게 다가오니까.

어쩌면 사칙연산만 알면 쉽게 풀 수 있는 게 여잔데..
남자들은 늘 미분 적분을 들이대는 것 같아요.
이래서 남녀는 영원히 풀 수 없는 공식 속에 갇히게 되는 걸지도
모르겠네요.

사랑을 시작하고
그 유효기간이 끝날 때 즈음.
여자는 사랑 속에서 이별 냄새를 맡아요.

향기롭던 향기가 지겨운 땀 냄새로 바뀌는 순간.
아... 이 남자와 헤어져야 하나보다. 깨닫게 되는 거죠.

이렇게 깨닫는 경우엔 내 남자에 대한
사랑이 식어서가 이유의 첫 번째이고
두 번째 이유는 새로운 사람이 생겨서이겠죠.

사랑이 식어서 그 남자와 이별을 결심하는 경우는 지난번에
제가 얘기해 드렸던 것 같고.
다른 사람이 생겨서 마음이 떠났을 때 여자가 나타내는 행동의 징후라...

일단 두 경우 마음이 떠났기 때문에 겉으로 보여지는 행동은 비슷해요.

대화에 집중하지도 않고 괜히 다른 약속이 있다고 데이트의 횟수를
줄이기도 해요.
"영화 볼까?"라는 얘기에
"맨날 영화 보는 거야? 나랑 하고 싶은 게 그렇게 없어?"라고 불평을
시작하기도 해요.

마음이 떠나면…
그 사람과 있는 게 지겹기만 하니까.
지겨울 때 하는 행동들이 무심결에 나오죠.
앞에 있는데 자꾸 휴대폰을 들여다본다.
이 행동은 지겨울 때 남자나 여자들이 하는 대표적인 행동중의 하나죠.

그런데 휴대전화를 바라보는 여자의 표정을 살펴보세요.
휴대전화를 보는 여자의 표정이 행복해 보인다면,
그건 분명 다른 사람이 생긴 거예요.

그리고 평소에 잘 입지 않던 옷이나 평소에 잘 하지 않던 화장법을 쓰는
것도 의심해 볼 수 있어요.
그런데 가장 확실한 낌새중의 하나는 스킨십을
피하는 경우가 아닐까 싶어요.

사랑하는 사람이 사랑했던 사람으로 변하면
그 사람과의 스킨십도 모두 추억이 돼버려서 현재 진행형이더라도
아무 감흥도 아무 느낌도 없게 되거든요.

싫어서 피하는 게 아니라
스스로 그냥 본능이 피하게 만드는 거예요.

스킨십을 피하는 여자 친구에게
'아니 왜 때아닌 내숭이래?' 라고 농담을 하며 더 치근덕댄다면 아마
굳어가는 심장을 더 빠르게 굳히는 지름길이 될 거에요.

그냥 뭔가 피하고 있다.. 라는 느낌이 들면
한 번 물어보세요.

'혹시 다른 사람 생겼니?' 하고 말이에요.

이렇게 마음이 떠나서 스킨십을 멀리하는 여자 말고
만약 연애 초기에 스킨십을 멀리하거나 될 수 있으면 늦게 하려는
여자에 대해서 남자들은 어떤 생각을 하나요?

옛날 옛적 사람들처럼 '아.. 이 여자 순수하구나' 라는
생각은 안 할 거라 생각하구요.
아닌가??
어쨌든 본능에 충실한 남자들에게 이런 여자에 대해 요즘 남자들은
어떤 생각을 하는지 궁금하네요. 솔직한 답변 부탁드려요.

이런 여자, 저런 남자 I

돈테의 아홉 번째 시장 조사 보고서

아린 님 바람대로 마음껏 표현할 수 있는 세상은 아마 무인도에 떨어진 남녀 한 쌍이라야 가능하지 않을까 싶네요.

오직 바라볼 수 있는 상대가 한 여자 밖에 없는 세상에서야 그녀만 바라볼 수밖에 없고, 그녀가 꼭 필요하니 표현하는 만큼 고마워하고 더욱 사랑하지 않을까요?

결론은 아린 님이 돈 많이 벌어 어디 섬 하나 사서 무한 사랑할 수 있는 남자랑 단둘이 사는 것 밖에 방법이 없을 듯하네요. :)

남자는 사랑 앞에서도 대장이고 싶어 합니다.

어느 날 자신의 자리를 위협하며 다가오는 누군가가 생기면 남자는 그 친구와 놀고 싶지 않은 것과 같은 이치죠.

이는 남자가 사회적 우위에 있는 현실 속에선 거의 절대 불변의 심리이니

그냥 제 말 들으시라고 하고 싶네요.

피하는 그녀...

참 쉽고 간단명료한 정답인데 사랑 앞에선 진짜 눈이 멀고 귀가 막히나

봐요.

왜 지나고 나니 그런 것들이 휘몰아치듯 몰려 떠오르는지...

부쩍 줄어든 말 수,

땀이 난다며 놓던 손,

그리고 무감각한 입맞춤...

그 모든 것이 징조였는데 왜 그저 별거 아니라 지나쳤을까요?

하긴 알아도 받아들이고 싶지 않았을 수도 있겠죠.

그리고 어쩌면 저 또한 이별 준비를 하고 있었는지도...

이 와중에도 그녀를 탓하기보다 그냥 저의 잘못으로 덮고 싶은 건,

경쟁에서 밀린 사랑의 패배자라는 결코 받아들이고 싶지 않은 자존심

때문이겠죠.

아, 마시고 있는 캬라멜 마키야또 마저도 씁쓸한 맛이 드는군요.

'여기 시럽 좀 주세요~~~'

아린 : 연애초기에 스킨십을 멀리하거나 될 수 있으면 늦게 하려는

　　　　여자에 대해서 남자들은 어떤 생각을 하나요?

돈테 : 똥줄 타죠!

적당한 거리감은 남자에게 지극히 긍정적 반응을 이끌어 냅니다.
스페셜 에디션처럼 가치가 높아 보인다고나 할까요.
하지만, 과유불급이라고 너무 오랫동안 거리감을 두는 건 도리어
역효과를 낼 수도 있습니다.
어느 정도 거리감은 남자의 감정에 자극을 주지만 너무 긴 거부는 남자에게
포기라는 선택을 안깁니다.
이쯤에서 물으시겠죠?
그럼, 어느 정도 밀당이 적당한가...

남자에 따라 차이는 있겠지만 제가 볼 땐 3번 정도의 거부까지가 남자들
인내심의 한계인 것 같습니다.
손을 잡으려는 남자의 손길을,
두 팔 벌려 안으려는 남자의 양팔을,
입을 맞추려 내민 남자의 입술을,
3번까지는 부끄러워하며 거부하는 것이 남자에게 당신의 고귀함을
보여주는 효과가 있지만
그 이상의 거부는 남자의 마음에 의구심을 심어줍니다.

'뭐야? 이 여자 날 좋아하긴 하는 건가?'
'아이씨, 짜증나! 무슨 조선시대도 아니고 해도 너무하는 거 아냐?
이거 피곤한데 그냥 접어...?'

결국, 지친 남자는 눈길, 발길을 다른 곳으로 돌리고 말죠.
그러니 3번 정도의 거부까지는 활용하되 그 이후에는 남자를 계속 만날
거면 어느 정도는 못이긴 척 받아 주세요.
기왕이면 수줍음을 한가득 안은 채...

남자는 힘들게 자신을 받아 준 그녀에게 무한 감사함을 느낄 겁니다.
콩깍지의 유효 기간이 그만큼 길어지는 거죠.
잊지 마세요. 3의 법칙을!

아린 님, 우연히 과거 여친을 떠올리다 보니 문득 드는 생각...
여은 자기 관리가 철저한 남자에 대해 어떻게 생각하나요?
그리고 어느 정도까지를 호감으로 받아들이나요?
예를 들어, 핸드크림을 챙겨 바르거나 미스트 뿌리는 남자 같이 자신의
외모 관리에 관심도가 높은 남자나,
퇴근 후 헬스클럽을 찾아 꼬박 꼬박 운동을 하는 등,
정해진 스케줄에 의해 규칙적으로 생활하는 남자 같이 철저한 남자에
대해 매력을 느끼나요?
그리고 그러한 행동들 중 너무 과하면 거부감이 들거나,
절대 마이너스인 꼴불견 행동이 있다면 무엇인지 좀 알려 주세요.

아린의 아홉 번째 답장

돈테 님.

오늘은 가볍게 소주를 한잔 하고 왔네요.

이게 가볍다면 가볍고 또 아니라면 아닌 정도라는 거!!!

세상은 온통 연말 분위기에 젖어가고 있고
나무들은 올해 입은 낙엽 옷들을 다 벗어던지며 섹시한 속살을
드러내고 있고 회식 자리와 모임은 늘어나고
제 혈관은 알콜로 젖어가고 있네요.

아차차..
돈테 님도 남자지...
남자들은 왜!!!
술 잘 먹는 여자를 싫어하죠??
말해 봐요.

술 먹고 픽픽 쓰러지고
'아~~ 나 어지러워효!!!' 하고 혀 짧은 소리를 하는 여자들 좋아하잖아요.

이것도 궁금한데.
돈테 님 집을 알면 당장 찾아가서 대답을 듣고 싶은데
제가 돈테 님에 대해 아는 것이라곤
달랑 메일 주소 하나와 연애에 대한 생각들 뿐...

어쩌다 우리가 이렇게 메일을 주고받게 된 건가요?
술에 취한 상태로 답장을 쓰니까 궁금한 게 많아지네, 이거.. 큭큭.

그래도!!!
정신은 말짱하니까.
돈테 님의 궁금증에 제 대답은 더 확실하고 독하고 날것의 상태로
해 드릴 수 있겠네요.

뭐라 물으셨더라...
자기 관리하는 남자라...

요즘에 관리하는 남자들이 먹힌다는 건 사실이에요.

핸드크림이나 아이크림 등 자신의 피부를 위해 화장품을 챙겨 바르는
행위.
이건 내 남자의 보드라운 손을 만질 수 있단 이야기이며
눈가에 늘어가는 주름을 한 달이라도 늦게 볼 수 있단 얘기니까 좋고!
매일 헬스클럽에 가서 트레이닝을 하는 남자는
식스 팩까진 아니더라도 운동을 통해 나를 지켜줄 튼튼한 몸을 가꾼다는
이야기니까 좋고
정해진 스케줄에 의해 생활하는 남자는
시간관념 철저할 테고 나와의 약속에도 늦지 않을 테니.
그리고 정해진 스케줄 이외에 딴짓(?)은 안한다는 얘기일 테니 좋죠!!!

그런데!!
요런 남자들의 행동을 무턱대고 '얼씨구나 좋구나!!!' 할 순 없다는 거!!!

일단 외모에 신경 쓰는 남자는 다른 여자들 관심의 레이더망에 걸릴
확률이 높아지고 내가 오히려 신경을 안 쓰고 늘어질 경우 잔소리를 할
가능성이 높다는 얘기도 되니까.
이런 남자는 일단 피곤.

그리고 데이트보다 자신의 몸매를 가꾸는 트레이닝 일정에만 매진한다면
이것도 문제.
그리고 정해진 스케줄은 나도 스케줄의 일부일까 봐 불안.

그러니까 이런 남자들은 장점도 있고 단점도 있는 아주 위험한 남자
되겠네요.

특히 어떤 여자와 처음 만났을 때 이런 특성을 드러낼 경우엔 여자들은
대부분 흥미를 잃어요.
'뭐야 이 남자... 나보다 지 자신을 더 사랑하고 앉아 있네?' 라는 생각이
들거든요.

그러니까 혹시라도 이런 취미와 특성을 가지고 있더라도 마음에 드는
여자 앞에서는 서서히 그 본색을 드러내는 게 좋을 것 같네요.

아효...
요즘 제 주변에도 이런 남자들이 많은데요.
친구로서 수다 떨긴 좋은데.. 남자로선 영 매력이 떨어지더라고요.

어쨌든 제 취향은 아닌 걸로!!!!

오늘 답장에 말투가 좀 거칠더라도 이해해 주실 꺼죠?
제대로 음주 답장은 처음인데.. 돈테 님 당황하실라...

돈테 님과 술잔을 주거니 받거니 하면서 수다를 떨 그날이 과연 올까요?
이쯤 되면 한번 만나잔 얘기가 나올 법도 한데... 아닌가...?
이거 여자인 내가 먼저 만나자고 할 수도 없고...
이런 문제에선 여자는 여자니까.

저도 상처 잘 받고 자존심 센 여잔데...

사실..
오늘 술을 폭주한 이유가 있었어요.
이 얘길 해야 할지 말아야 할지...

오늘, 헤어진 남자 친구가 결혼을 한다는 이야기를 들었어요.

친구를 통해서 듣긴 했지만.
메신저를 통해 전해 온 그 말에.. 코웃음이 나왔어요.

왜냐구요??
며칠 전에 그 남자 친구에게서 전화가 왔었거든요.
받을까 말까 고민하다가 안 받았더니.. 삼일 밤을 계속 전화하더라고요.

무슨 큰일이라도 생겼나.. 하는 걱정을 시작으로
혹시.. 라는 설렘까지 나를 들었다 놨다 했었는데..
그때 딱 돈테 님의 목소리도 모르는데 돈테 님의 환청이 들리더라고요.
'아린 님, 절대 전화 받지 말아요.'
그래서 전화는 끝까지 안 받았어요.

그런데 글쎄 결혼을 한다네요.
개.자.식!!!!
(말이 다소 거칠더라도 이해 부탁드립니다. 음주상태인 고로..)

도대체 이건 무슨 심리인가요?

왠지 사이즈 딱 나오게 짐작도 가지만 그냥 돈테 님의 잔인한 대답을 듣고 싶네요.

지금 눈물조차 안 나오는 저에게 시원한 답변 부탁드려요.

결혼을 앞둔
그놈이 전화하는 이유

“다시는 사랑 안 해!”
입버릇처럼 하는 말이 정말 입버릇이 되어 버린

이별 능숙남의 열 번째 하소연

‘토닥~ 토닥~’

오늘은 다른 무엇보다 아린 님을 위로해 주는 게 급선무겠네요.

가까이 계시다면 정말 어깨라도 토닥거려 줄 텐데...

저 또한 아린 님에 대해 아는 거라곤 멜 주소 하나니...

만나는 건 왠지 부담될 수도 있는데 이참에 전화번호라도 주고받아야

되는 건 아닌가? 저 또한 망설여지네요. :)

여하튼 그 ‘개.자.식’ 그만 기억에서 떨쳐버리세요.

어차피 아린 님의 남자는 아니었으니까요.

아린 님이 짐작하시는 그 짐작이 딱 맞는 걸 테니까요.

결혼을 앞둔 남자는 결혼 당일 예식장을 들어서기 전까지 고민을
한답니다.

정말 이게 맞나?
이대로 입장하는 순간, 나의 자유는 끝이 나는데...
그러다 보면 마지막 자유를 누려보고 싶은 충동이 일어납니다.
(듣기로는 간혹 여자들도 그런 생각을 가진다고 하던데...)
그럴 때면 자신이 가장 기억에 남았던 그녀를 떠올리게 됩니다.
기왕이면 이루어질 수 없어서 더욱 힘들고 슬픈 사랑의 그녀를 말이죠.

제 짐작이 맞다면 남자에게 아린 님이 바로 그런 존재가 아닐까 싶네요.
이루어질 수 없어서 더욱 애틋해지고 무척이나 아쉬운,
그래서 돌아올 수 없는 강을 건너기전 마지막 해후를 꿈꾸는
남자의 못된 충족이랄까.

아무튼 무슨 의미냐를 따지고 묻기보다 이번 질문은
아린 님의 편이 되어 주길 바라는 지원의 손길을 원하시는 것 같아
그저 같이 동조해 시원하게 욕해 드릴께요.
(물론, 안면일식 없는 그 사람에게는 미안하지만...)

나쁜 놈, 못된 놈, 개.자.식!!!

문득, 결혼은 아니지만 제 자신을 돌아보니 저 또한 개자식일 때가
있었던 것 같아 못내 찔리는 구석이 있네요.

은근슬쩍 질문으로 들어가는 걸로...

아린 님, 결혼에 대해 얘기가 나와서 말인데,
남자들은 여자를 만나고 어느 정도 시기가 되면 꼭 결혼이 아니어도
별 스스럼없이 여자를 자신의 가족에게 소개합니다.
한데, 가만 보면 여자들은 남자들을 만나면서도 가족들에게
인사 시키는 경우가 잘 없는데요. 그만큼 신중해서인 것 같은데...
그렇다면 여자들이 남자를 가족에게 소개시킬 때는 어느 정도 결혼을
생각하고 있는 걸로 봐도 되나요?
그리고 만약 여자가 그런 맘을 먹었다면
남자의 어떤 점이 가장 큰 작용을 한 건가요?
환경에 따라 다르겠지만 그래도 보편적으로 중요시하는 게 뭔지
알려 주세요.

내 남자친구의 공인인증서

내가 나 자신에게 하는
거짓말 중 하나. '잊어야지...'
잊어야 하는 사람은 더욱 기억되는
이상한 아이러니 속에 사는

아린의 열 번째 답장

돈테 님.

답장이 늦었네요.

요즘 연말이라 그런지 정신없이 바빠요.

얼마 전 분명히 낙엽을 본 것 같은데.

이틀 전부터 눈이 내리고 있네요.

돈테 님이 계신 곳도 서울이니까 눈을 보고 계시겠죠?

시간이 빠른 건지 아니면 제가 가는 시간을 외면하고 사는 건지...

가는 시간 속에 얼른 그 나.쁜.놈은 떠나보내야겠어요.

저.. 절대로 지난 일요일 그가 결혼해서 그래서 감정 멘붕상태에 빠져서
답장을 늦게 한 건 절대, 절대 아니에요!!!!
(지레 찔려서 그런 것도 아니에요~ 하하하하하하하하!!!!)

누구에게 특별한 사람으로 여겨지는 일.
그것만큼 기분 좋은 일은 없죠.

내가 만나는 누군가의 가족을 만난다는 건 분명히 그 사람에게
지금 나는 특별한 사람이구나 하고 생각해도 되는 거잖아요.
나의 가족은 나의 뼛속까지 다 아는 사람들이고
나의 장점보다는 단점을 더 잘 아는 사람들이잖아요.
그들에게 누군가를 소개한다는 건 나의 단점을 솔직하게
보여줘도 될 것 같은 믿음이 있어서가 아닐까요?

여자들의 경우.
내 딸이 어떤 남자를 만나고 있는지 부모님들이 아주 궁금해하시죠.
왜냐하면 '딸'이기 때문에.

내 딸은 티 없는 깨끗한 유리와도 같다고 생각하세요.
딸을 가진 부모님들은...
세상에 나가서 웬만한 여전사보다도 씩씩하게 잘 하고 살고 있는데
다칠까 깨질까 매일매일 걱정하시거든요.

그래서 여자들의 대부분은 남자 친구를 부모님에게 잘 소개하지 않아요.

괜히 소개했다가 일만 더 크게 만들 수 있거든요.
'이별'의 빌미를 제공하기도 하구요.

그런데 그런 부모님에게 여자가 남자 친구를 소개한다는 건..
분명 특별한 의미가 있어요.

'저 이런 남자 만나고 있으니까 걱정 마세요.' 라고
보증서를 받는 단계라고나 할까요.

보증서는 불량 제품엔 첨부되지 않는다는 거 아시죠?
그리고 부모님에게 인정받는 순간. 그 남자는 여자 친구에게
그리고 여자 친구의 부모님에게 보증서를 모두 다 받는 셈이 되는 거예요.

혹시 지난 여자 친구들의 부모님이나 가족을 만났다면
스스로 자랑스러워 하셔도 됩니다.
최소한 부끄러운 인격을 가진 사람은 아니라는 증거니까요.

그런데 가족을 소개시켜주고 소개받는다는 건 신중 할 수밖에 없는
문제인 것 같아요.
이별 후 폭풍이 너무 거세니까.

그 남자와는 이별했지만
그 가족들과는 이별할 수 없기 때문이죠.

그래서 아마 여자들이 남자들을 쉽게 소개시켜주지 못하나 봐요.
여자들은 이별의 상처만으로도 힘든데..
더 큰 상처를 하나 더 새기게 되는 셈이 되니까...

돈테 님에게 답장을 쓰다 보니.
아! 그래서 그런가.. 하고 깨닫게 되는 게 있는데...
제가 찾은 답이 정답인지 알고 싶네요.

한 번 헤어진 연인은 다시 만나면 반드시 헤어진다는 얘기가 있잖아요.
그것도 비슷한 이유 때문에.

대부분의 연인들이 한 번 헤어졌다 또 같은 이유로 헤어지게 되는
이유는 뭔가요?
분명히 다시 만나게 되면 자기가 잘못한 부분을 기억하고 있을 텐데...
잠시 기억상실에 걸리고 마는 걸까요?

한번 헤어지면 같은 이유로
또   헤어지는 이유

- 이별 기억상실

하얀 눈같이 순수한 마음으로 사랑을 시작하지만,
결국 수없는 상처의 발자욱들로
진흙탕의 흔적만을 남기는 사랑길 속에서
또다시 하얀 눈을 기다리는

한 남자의 열한 번째 겨울 이야기

그러게요, 정말 시간이 어떻게 가는지...
시간을 확인하며 사는데도 돌아보면 완전 화살..
아니, LTE급으로 후다닥 지나가는 것 같아요.
나이를 먹어서 그런가...?
(아니, 절대 아니라고 믿고 싶어요. 전 아직 스무 살에 머물러 있거든요.
적어도 동창회 모임에 나갈 때만 빼고... 결혼해 아저씨가 되어가는
친구들을 볼 때면 인정하고 싶지 않은 현실에 괜스레 잘하지도 못하는
술을 들이키게 되네요. 아, 청춘이여~)

역시 예상대로 가족에게 소개는 분명하고 특별한 의미를 지니고 있는

거였군요.

저도 떠올려 보니 그간의 적지 않은 연애 동안 가족을 소개받은 적은
한 손에 꼽을 정도인 걸 보니 더욱 수긍이 가네요.

아, 돌연 절 무척이나 아끼고 사랑해주시던 옛 여친의 어머님이 떠오르
네요.

'어머니, 끝까지 함께 하지 못해 죄송해요...'

혹시, 아린 님도 가족에게 남자를 소개시킨 적이 있으신가요?

왠지 그간 아린 님과의 대화를 통해 느껴지는 이미지로는 무척이나
신중하셔서 쉽사리 소개는 하지 않으실 것 같은데... :)

재결합 연인들이 같은 이유로 이별을 하는 이유라...
글쎄요, 이번 질문은 복합적인 거라 무어라 일방적으로 답하기는 애매
하지만 남자 입장에서의 생각을 알려 드릴게요.

남자가 헤어진 여자와 다시 만날 수 있는 필요충분조건은
무엇보다 이별의 이유가 남자 때문이 아닐 때 가능한 것 같아요.
자신의 잘못으로 헤어진 남자라면 애당초 헤어지지 않기 위해 어떻게든
잘못을 용서받으려 무릎이라도 꿇었을 테니까요.
그렇게 할 수 있는 방법을 다 동원했는데도 여자가 끝까지 용서 대신
이별을 선언한다면 남자는 포기라는 단어를 떠올릴 수밖에 없거든요.
그런 여자에게 다시 만나자고 한다는 건 결코 쉽지 않은 일입니다.

아무리 남자는 이별한 여자를 가슴에 묻는다지만 포기를 맘먹었을 땐

다시 꺼낼 수 없을 만큼 깊숙이 그리고 영원히 묻는 거거든요.
그렇게 애걸복걸하며 빌었는데도 용서를 받아주지 않았는데
시간이 지났다고 용서를 받아줄 거란 생각을 하지는 않는 거죠.
뭐, 여자가 먼저 손을 내미는 아주 특별한 케이스는 빼고요.

그와 반대로 여자의 잘못이나 그저 서로에 대한 불만들이 쌓여 이별을
한 경우에는 시간이 지나면 여자의 잘못이나 불만보다 좋았던 것들에
대한 추억이 더욱 크게 떠올라 그녀를 다시 만나고 싶다는 생각이 듭니다.

당시에는 절대 용서할 수 없다 여겼던 여자의 잘못이 막상 이별을 하고
나니 그 잘못의 크기보다 그녀의 빈자리가 더욱 커 스스로가 못 이기고
여자가 반성했을 거란 합리화와 함께 먼저 화해의 손길을 내밀죠.
그리고 여자 역시 남자의 이해심에 미안한 맘을 가지며 용서의 손길을
받아들이면 다시 연애를 시작하는 거죠.

단 이때, 남자는 여자에게 '다시는 같은 잘못을 하지 않겠다.' 라는
다짐을 요구합니다.

"약속해, 다시는 그런 잘못 안하겠다고."

이에, 여자는 새끼손가락까지 걸며 약속을 하죠.
하지만 늘 같은 환경 속에서 살아가는 상황인지라 아무리 조심한다고
해도 같은 실수를 하지 않는다는 법은 없죠.
그런데 문제는 그전에는 두세 번을 모른 척하고 넘어갔다고 하면

재회하고 나서의 똑같은 실수나 잘못은 단 한 번만으로도 남자에게
엄청난 실망감과 배신감을 안깁니다.
단박에 남자는 실망감을 표시하며 이별을 선포하겠죠.

서로에 대한 불만으로 헤어졌다 다시 만난 상황에서도 같은 겁니다.
적어도 같은 실망은 주지 말자고 서로 약속해 놓고 어느 한쪽이 약속한
부분에 대해 잘못을 한다면 그 실망은 두 배로 크겠죠.
자연스레 더 큰 상처만을 안고 이별을 할 수 밖에 없는 거죠.

연인이 다시 만났다 또다시 이별을 하는 이유는 여러 가지가 있겠지만
유독 같은 이유로 헤어지는 경우가 많은 건 그만큼 느껴지는 실망감의
수치가 커서 헤어질 확률이 높아지기 때문이 아닐까 싶네요.

물론 남자에게 한 번 새겨진 사랑은 영원히 지워지지 않는 표식을
남깁니다.

정말 미워하고 원망하며 헤어진 그녀...
다시 만나도 무덤덤할 것 같은 그녀와 시간이 흘러 우연히 스치게 되면
왠지 모를 아련함에 그녀를 붙잡고 싶은 맘이 피어오릅니다.
하지만 그럴 때면 영화의 한 장면처럼 그녀 옆에 또 다른 누군가가 다가와
미소와 함께 손을 맞잡죠.
결코 내가 아니면 채워주지 못할 것 같은 그 자리를 포근히 채우고 있는
그를 보며 씁쓸한 미소와 함께 돌아서던 그 기억...

분명 잊고 있었다 여겼었는데,

결국 잊은 게 아니라 그저 꾹꾹 눌러 감춰뒀던 거였나 봐요.
부르르~ 정신 차리고!
여기서 질문 타임!!!
아린 님, 여기 호감을 갖고 친하게 지내는 여자가 있습니다.
서로 만나면 맛난 밥 먹고, 차 마시며 수다 떨고, 주말이면 영화도 보고…
여느 연인들의 데이트 코스를 즐기고 있습니다.
한데, 이 수줍음 많은 남자는 행여 거절 당할까봐 섣불리
여자에게 사귀자는 말을 못하고 그저 이 관계를 유지하고만 있습니다.
한데, 그렇게 하기를 어언 두 달이 지나가는데
여자의 마음이 뭔지 아리송합니다.

차가운 그녀의 손을 맞잡고 남자의 주머니에 넣고 있어도 거부하지 않고...
항상 먼저 자신의 일과를 메시지로 날리는 그녀...
한데, 바라보는 눈빛을 보면 그냥 정말 편해서 인 것 같기도 하고...

과연, 친화력 강한 성격 때문인지 아니면 남자에게 호감이 있어서
고백해 주길 바라는 건지...?
도통 헷갈려 어떻게 해야 할지 모르겠네요?
지금 그녀의 심리는 뭔가요?
같으면서도 미묘하게 다른... 그리고 구체적인 연인과 친구 사이의
구분되는 행동들을 좀, 좀 알려 주세요.

난 친구일까?
애인일까?

아린의 열한 번째 답장

돈테 님.

지난 제 질문은 남자의 입장에서만 국한된 질문은 아니었는데.

그냥 이야기를 나눠보고 싶었어요.

왜 이별한 커플이 다시 만나면 똑같은 이유로 헤어져야 할까?

짧지만 토론 같은 것도 해보고 싶었고.

하다보면 꼭 남녀의 차이보단. 누구나 알고 싶어 하는 답에 대해 좀 더

여러 해답을 찾을 수 있지 않을까 해서요.

남자는 그렇군요.

그럼 자신의 잘못으로 헤어진 경우에는 다시 만날 확률이 없는 건가요?

여자가 "용서할 테니 돌아와!" 라고 하는 경우엔요?

그냥 요즘 들어 '인연은 한 번 밖에 오지 않는다'는 말이

계속 윙윙 마음속을 맴돌아요.

그 인연의 고리를 만드는 것도 나 인거고
그 인연의 고리를 끊어내는 것도 나 자신이니까.
다른 사람, 다른 상황은 핑계일 뿐이니까.

살면서 너무 많은 인연의 고리를 끊으며 살아온 게 아닌가 싶기도 하고.

그냥 만약 고리를 끊어내지 않았다면 어땠을까...

그 사람과 지금까지 행복할 수 있었을까..? 라는 생각도 들고 해서요.

가끔은...

사랑과 이별의 문제가 단순한 성별 차이 때문에 생기는 것만은 아닌 것

같아요.

우리가 살아온 삶이 다르듯
오랫동안 꿈꿔온 사랑도 다르겠죠.
그런데 왜 그 다른 사랑을 이해하지 못하고
오해하고만 사는지..

돈테 님, 아무래도 저 겨울 타나 봐요. 흑.
겨울 타는 덴 어떤 약이 필요한가요?
돈테 님은...
인기가 많으신가 봐요.
주위에 가능성을 둔 여자들이 많아 보여요.
돈테 님이 손만 뻗으면 쉽게 사랑을 시작할 수도 있을 것 같은데...
왜 외로워하시는지...

지금 돈테 님 가까운 주변에서 어떤 여자가 마음을 숨기고 돈테 님을
대하고 있네요.
아무리 요즘 쉽게 만나고 쉽게 연애하는 시대라고 해도 남녀 관계에
있어서 어떤 한 사람이 하는행동들 중에 아무 의미 없는 행동들은 없어요.

남자들도 관심 없는 여자에게 돈을 쓰고 싶던가요?
시간을 쓰고 싶던가요?
신경을 쓰고 싶던가요?
아니죠?

여자들도 마찬가지예요.

돈테 님이 내미는 손을 아무렇지 않게 맞잡아 주고
자신이 어떻게 보냈는지 하루 일과를 문자로 보내고
그 사람과 대화할 때 따분한 기색 하나 없이 웃어 준다면
분명히 그녀는 돈테 님에게 관심이 있어요.

그런데 단 하나. 아직 확신이 없는 거죠.
돈테 님에 대한 그녀 스스로의 마음에 자신이 없다기 보다.
돈테 님이 자신을 어떻게 생각하고 있는지 그 사실에 자신이 없는 거예요.

이 말은 돈테 님이 그녀가 '아! 이 사람도 나에게 관심이 있구나' 하고
생각할 수 있는 여지를 준 적이 없다는 말인 거예요.

손바닥도 마주쳐야 소리가 나잖아요.
마음도 마찬가지예요.
나의 심장과 그 사람의 심장이 '찌릿' 하고 마주쳐야 '사랑'이라는게
시작되는 거랍니다.

그녀는 알게 모르게 자신이 당신을 좋아하고 있단 사실을 표현하고
있어요.
그러니까 지금이라도 늦지 않았으니 조금씩 표현해 보세요.

내민 손을 맞잡아주면 좀 더 세게 꽉 잡아 준다거나
그녀가 하루 일과를 재잘재잘 문자로 보내오면 당신도 자신의 일과를
위트까지 덤으로 살짝 버무려 보내 준 다던가
그녀가 앞에서 당신의 애기에 한 번 웃는다면 다음엔 그녀의 이야기에
두 번 웃어 주는.
이런 표현이면 아마 그녀도 눈치챌 거예요.

그리고 사랑이 시작될지도 모르죠.

단, 여기서 조심해야 할 것은
그녀와 알고 지낸 시간이에요.
너무 오래 알고 지냈다면. 그래서 친구를 넘어 가족 같은 기분이 든다면.
그런데 어느날 돈테 님 혼자 고민에 빠진 거라면,
그건 고민할 필요 없어요.
그냥 편해서 하는 행동이니까요.

사랑과 우정은 한 끗 차이라고 하잖아요.
그런데 이건 함께 보낸 시간에는 반비례하는 거 같아요.

우정으로 지낸 시간이 길면.. 사랑으로 바뀌기가 어렵더라고요.
특히 여자들의 경우엔 우정이란 이름으로 오랫동안 지낸 남자는
'남자'로 느껴지기보다 존엄한 한 '인간'으로 느껴진답니다.

그녀와 알고 지낸 기간이 1년 미만이거나 1년을 조금 넘겼다면 조금 더
적극적으로 표현해보세요. 그러면 그녀 쪽에서도 반응이 올 거예요.
그런데 만약 그녀 반응이 혹시라도 '평소와 달리 왜 이리 오버야?' 라고
한다면 다시 원상태로 리턴!!!!!
아무 일도 없었던 것처럼 웃으며 친구로 지내면 되잖아요?

돈테 님.
사랑하던 남녀 사이에서
시간과는 상관없이 보낸 아주 소중한 추억이 있어요.
그런데 헤어지고 나면 그 여자와의 추억을 쉽게 잊을 수 있나요?
'너에 대한 기억을 싹 다 잊었어' 란 말은 몇 퍼센트의
진심이 담겨 있는 말인가요?

1년 전에 헤어진 커플이 있어요.
그런데 여자가 그 남자를 잊지 못해 다시 만나자고 했더니 이런 말을
했다네요.
그 친구는 지금 너무 아파하고 있어요.
그리고 바보같이 그 남자 친구의 말을 믿지 못하겠대요.
그래서 전 "야!. 그 놈이 널 다 잊었다는데 넌 왜 잊지 못해 이래.
억울하지도 않아?"라고 화를 내고 말았죠.
근데 문득,
그 남자가 진짜 잊어서가 아니라…
잊었다고 해야 할 이유가 있었던 게 아닌가 싶어서요.
돈테 님 이 친구를 어떤 이야기로 달래줘야 할까요?

헤어지면 추억도 포맷이 되나요?

한 남자의 열두 번째 노크

내 마음의 문이 그녀에게 보이지 않는 거라..
확신이 느껴지지 않는 나라서...
돌이켜보니 아린 님의 말이 맞는 것 같아요.
전 지금 이 순간도 고민하고 있으니까요.

정말 그녀가 나의 짝이 맞는 걸까?
괜히 섣부른 외로움이 그녀를 호감으로 느끼게 하는 건 아닐까?
크나 큰 이별을 겪고 난 후 생겨난 우려와
공포의 후유증이 제 주위를 감싸며,
뻗어나갈 손을 막고, 떨어질 입을 닫게 만드는 것 같아요.

분명 호감은 가는 데 뭔가 '빡!' 오지 않는 아리송함...
결국, 저의 선택이 이 혼란을 끊을 수 있는 열쇠인데 섣불리 열쇠를
돌리지 못하겠어요.
이러다 놓치고 후회하는 건 아닌지...
아, 어쩌다 이리 우유부단한 기운이 나를 잠식하게 된 걸까요?
찬찬히 하나하나 헝클어진 퍼즐을 맞춰 봐야겠어요.
결정이 내려지면 아린 님께 제일 먼저 알려 드릴게요. :)

그녀와의 추억을 포맷 시킨 남자...
아마, 큰 상처를 받고 이별을 한 남자가 아닐까 싶네요.
사랑이 깊은 만큼 이별의 상처는 큰 법이고, 그에 따른 기억의 상처 또한
오래 오래 흉터로 남는 게 남자입니다.
한데, 기억을 다 지웠다는 냉정함이 남자의 입에서 나왔다면 모르긴
몰라도 여자에게 무척이나 실망한 기억이 있지 않을까 싶네요.
그게 아니라면 지금 그녀보다 더욱 사랑하는 누군가가 그의 곁에 있거나.

남자가 이별을 하고 나면 그녀에 대한 나쁜 기억보단 좋은 기억들이
더 많이 자리하게 된답니다. 그래서 지금의 연인과 다투게 되면
가장 먼저 떠오르는 게 그렇지 않았던 과거 여친과의 추억들인 거죠.
그녀와의 좋았던 추억, 행복했던 순간은 남자가 평생 기억의 방에
쌓아 두고 간직하는 감정 재산입니다.

취기에 옛 연인을 찾게 되는 것 또한 그런 이유에서지요.
그만큼 웬만해선 남자가 추억을 지우는 일은 없습니다.
제가 볼 땐 서두에 말했듯이 이별의 사유를 떠올려 보시는 게 좋을 것
같네요.
만약, 그렇게 상처를 줄 만큼 큰 이별이 아니었다면,
지금 무척이나 사랑하는 여자가 그의 곁에 있기에,
그리고 그녀가 친구 분의 단점과는 상반된 장점으로 완전 무장하고 있
어서가 아닐까 하는 생각이 드네요.
전자든 후자든 남자가 그 정도의 답변을 던졌다면 다시는 돌아오지
않을 다리를 건넌 거니 아쉬움에 슬퍼하지 말고 다른 좋은 남자를 찾는
게 정답입니다.

확신을 두고 말하지만 인연의 끈을 놓고 싶지 않은 남자였다면 절대
그런 답변을 꺼내지 않았을 테니까요.

아린 님, 오늘은 구체적인 질문 하나 던질게요.
여자에게 나이차란 어느 정도의 중요성을 갖나요?
아린 님이니까 고백하는 건데 사실, 얼마 전 아는 지인이 소개팅을
해 주겠다고 해서 내심 기대하고 있었는데 한참이 지나도 아무런 말이
없더라고요.
기다리다 못해 식사 자리에서 넌지시 물어봤는데....
충격적인 답변이 저의 혈압지수를 올리더라고요.

"서른 넘은 남자는 싫대, 나이 차가 나서 못 만나겠대."

받아들이기 힘든 대굴욕에 그간 한 번도 생각지 않은 제 나이에 대한
서글픔이 밀려왔어요.
직업상 주로 나이를 의식하지 않고 지내다 보니 전혀 의식하지 못한
제 현실에 덜컥 겁이 나는 거 있죠.
아, 내가 이제 나이 때문에 까이는(가장 현실적인 표현인지라) 구나...

아린 님, 여자에게 나이란 게 그렇게 크게 작용하는 건가요?
사람마다 다르겠지만 여자들은 보통 몇 살 차이 이상이면 부담을
가지나요?
더불어 나이차를 잊을 수 있는 극복법이 있다면...?
아, 묻고 있는 자체만으로도 서글퍼지는 이 마음...

여자에게 남자의 나이란??

수많은 오해와 신경전으로
준비 운동을 마쳐야 겨우 출발선에 설 수 있는
사랑이란 감정 레이스...

아린의 열두 번째 준비 운동

돈테 님, 메리 크리스마스. :)

이번 크리스마스는 제대로 화이트 크리스마스였는데..

돈테 님은 화이트 크리스마스 어떻게 보내셨어요?

지금 전 크리스마스 끝자락을 붙들고 돈테 님에게 답장을 쓰고 있네요.

이브 날이었던 어젠 친구들과 모여 크리스마스 파티를 했어요.

파티를 끝내고 집에 가려고 나오는데 하늘에서 보송보송한 눈이 내리

더라고요.

눈 내리는 거리를 꼭 안은 채 걷고 있는 연인들의 모습이 어찌나 예뻐

보이던지..
남자 친구에게 예뻐 보이고 싶어서 영하의 기온에도 짧은 치마를 입은
여자들의 모습도 그렇게 사랑스러울 수 없더라고요.

저의 크리스마스는 그렇게 연인들의 모습을 관찰하며 보냈네요.
부러워서가 아니라 너무 눈부시게 예뻐서 감상했어요.
그들의 사랑 빛을...

그리고 결심했죠!!!
나도 조만간 총천연색으로 빛나는 사랑 빛을 뿜어내리라!!!! 하하하하하

크리스마스가 지났다는 건 이제 곧 한해가 마무리된다는 뜻이며
그 말은 또 나이를 한 살 더 먹는다는 것 그리고
세상 이치를 좀 더 알게 된다는 거.

이 말은 돈테 님은 소개팅의 세계에서 더 멀어진다는 뜻...???

농담이구요.
돈테 님이 이런 고민을 가지고 있었다니 좀 웃겨서요.

나이가 뭐 대순가. 라는 생각을 갖고 계실 것 같았는데..
현실의 벽이 돈테 님을 이런 고민에 빠지게 하는군요.

너무 차이가 많이 나는 거라면 부담이 되겠죠.

왠지 스타일도 올드할 것 같고 생각도 올드할 것 같고.

그것보다 더 부담되는 건.. 이 남자랑 만나면 곧 결혼을 해야 하는 거

아닌가 하는 생각이겠죠.

이런 부담감은 첫 만남을 갖기 전에 많은 고민을 하게 만들어요,

그래서 소개팅을 하게 될 때 '나이'라는 놈이 큰 벽이 될 수도 있겠네요.

그런데 다 개인차이니까 너무 큰 실망 하지 마세요.

여자들 모두 남자 나이가 많다고 다 고리타분하고 할아버지 냄새가 날

거라고 생각하진 않으니까요.

자신감을 가지세요. 돈테 님!!!!

돈테 님, 제 친구에게 얼마 전 마법 같은 일이 생겼어요.

사랑하던 첫 사랑을 다시 만나게 됐거든요.

그에게서 갑자기 연락이 와서 고민을 하다가 왠지 안 나가면 후회할 것

같아서 나갔는데 그 사람과 다시 사랑을 시작하게 됐답니다.

제 첫사랑은 어디서 뭘 하고 있을지...

여자든 남자든 '첫사랑'은 특별한 의미가 있겠죠.

그래서 궁금해졌어요.

영화 〈건축학 개론〉처럼..

여자 친구가 있는 상태에서 '첫사랑'의 연락을 받았을 때

대부분의 남자들은 어떻게 하나요?

그리고 그 여자 친구에게 마음이 간다면

남자들은 대체로 어떤 선택을 할까요?

고칠 수 없는 심장병...
첫사랑...

메리 크리스마스, 아린 님~ :)

아린 님이 감성적 크리스마스를 보내던 그 시각, 저 또한 지인들과의
파티에 참석했었답니다.
단, 돌아오는 길에 미끄러운 눈길 때문에 사고라도 나서 제대로 연애도
못해 보고 세상과 빠이 빠이 할까봐 핸들을 부여잡고 운전하느라
다음 날 담이 왔어요.
아~ 나이를 무시할래도 무시할 수 없는 현실...

그나저나 이번 질문은 제가 객관적으로 답변하기 어려울 것 같네요.

안타깝게도 전 세월이 흘러 제 첫사랑을 다시 만난 적이 있거든요.
한데, 그 설레임 탓인지 눈앞에서 대면한 그녀는 예전의 그 느낌을
전하진 못하더라고요.
첫사랑은 첫사랑으로 간직하라는 말이 백분 이해가 가더군요.

눈부시게 아름답고 수줍음에 한없이 순수해 보이던 그녀는,
눈 씻고 찾아봐도 아름다움은 보이지 않고, 넉살 좋은 수다쟁이가 되어
있더라고요.
그렇게 그립고 애절하게 만나고 싶던 그녀였는데...
눈앞에 마주한 그녀의 모습 모두가 끔찍한 악몽을 꾸는 것 같은
기분이 들 정도였어요.
그날 이후, 저에겐 살아갈 희망의 불빛 하나가 사라졌답니다.
성공해서 그녀 앞에 당당히 나타나리라는 스스로의 다짐으로 버텨 왔는데,
그런 목표가 사라져 버린 거죠.
뭐, 대개의 남자가 첫사랑에 대해서는 그런 마음을 가질 거예요.
그만큼 남자에게 첫사랑은 커다란 유혹 중 하나입니다.

여기서 남자가 첫사랑이 연락해 왔을 때 대처하는 방법에 따라 달라 집
니다. 첫사랑의 연락에 과감히 만남을 거절하는 경우라면 걱정 붙들어
매셔도 될 거구요. 그렇지 않고 만나러 간다면 위험지수가 높아집니다.

단, 만남을 현재의 여친에게 알리고 간다면 그닥 큰 걱정을 하지 않아도
될 듯 싶습니다.
대개 그런 경우에는 남자가 과거 첫사랑에게 차인 경우가 많을 텐데

너보다 잘난 여친 만났다는 통쾌한 복수를 위한 목적이 큽니다.

만약 그게 아닌데 여친에게 말하고 만난다면 첫사랑이 현재 남친이
있다는 사실을 알고 나가는 경우일 겁니다.
서로 추억을 되짚으러 나가는 상황이겠죠.
하지만, 완전히 안심하진 마세요.
과거를 떠올리며 한두 잔 기울이는 술잔에 추억을 쌓아가다
정분을 쌓을지도 모를 일이니까요.

마지막으로 여친에게 말하지 않고 몰래 나간다면 위험 수위는 더욱
높아집니다.
뭐, 별 뜻 없는데 괜히 여친이 알면 피곤해지니까 숨기고 만나는 남자도
있겠지만 그마저도 살짝 기대감을 안고 나가는 게 사실이니까요.

그리고 첫사랑을 만난 이후의 행동에 주목하세요.
그녀에게 흔들리거나 가능성을 엿봤다면 분명 작은 변화가 시작될 거예요.
연락이 서서히 줄어들고 애정 표현이 약해지거나 하는…
미묘한 거리감들이 느껴지기 시작한다면 의심의 불을 켜셔야 할 겁니다.

남자에게 첫사랑이란…
영원히 위태로운 불치의 심장병이니까요.
(뭐, 저처럼 만나고 실망한 경우는 예외지만…)
여러모로 볼 때 남자가 첫사랑을 만난다는 건 경계경보를 발령해야
하는 위기 상황이니 빈틈없는 감시 태세에 들어가는 게 좋을 듯싶네요.

아린 님, 여자가 남자의 초대에 응해 집을 방문한다면 어떤 의미인가요?
그만큼 남자에게 믿음이 생기고 마음의 문이 열렸다는 의미로 봐도
무방한 건가요?
더불어 만약, 초대를 하고 싶다면 만난 지 어느 시점쯤에 제안해야
거절당하지 않을까요?
보너스로 여행에 대한 제안에 대해서도 시기적인 귀띔 좀 부탁드려요.
기왕이면 올해가 가기 전에 답변 좀...
해돋이 여행이라는 의미 있는 이유가 있는지라... :)

남자의 집에 초대받아 가는
여자의 마음?

당신이 보낸 초대장은 언제쯤 제게 올지...
나만을 위한 초대장을 기다리는
아린의 열세 번째 답장

첫사랑은 남자에게 '고칠 수 없는 심장병'이다.

어느 누구에게나 첫사랑은 있다고 하던데.
그럼 우리 모두는 불치병을 가지고 있는 거네요.

애써 꺼내지 않으면 어떤 증상도 없지만 조금이라도 건드리면 그때부터
아파오기 시작하는 이상한 불치병.

참. 사랑이란 이상한 거 같아요.
내가 내가 아니게 만들기도 하고

이상한 짓을 해도 모두 다 용서가 되며
지난 후에는 이상한 불치병까지 남기니까 말이에요.

참.. 사랑이란 이상..해...

지금 그녀에게 해돋이 여행을 제안해 보려고 하시는 건가요?
그리고 그녀의 반응은요?
응했다는 건가요? 아니라는 건가요??
제안할 계획???

일단 여자에게 '초대'라는 의미는
단 한 사람만 초대받을 수 있는 프라이빗 파티에 내가 VIP가 되는구나...
하고 생각해요.
그래서 아주 특별한 의미를 부여한답니다.
여기서 주목할 건.
단 한 사람만 초대받을 수 있는 파티에 초청되어 간다고 생각한다는 점
이예요.
그 파티에 이 여자, 저 여자 초대하는 남자라면 파티에 응한 여자 쪽도
특별한 의미 따윈 없어요.
그냥 즐기는 거죠.

그런데, 그 파티가 나를 위한 파티라는 확신이 들면
여자도 바보가 아니라서 남자가 자기 집에 초대한다는 의미가 뭔지는
잘 알고 있어서

여러 가지 생각을 시작하게 돼요.

우선 가장 먼저 드는 생각은 '의도가 순수하진 않구나...'
그리고 고민을 하게 되죠.
그러다 OK라는 사인을 하게 되는 경우는 모든 경우의 수에
여자도 어느 정도 각오(?)를 한다는 뜻이에요.

뭐..
밥 먹고..
커피 마시고..
와인 한잔 하면서 영화 보고..
그리고 그 다음엔.. 그것도 OK! 라는 의미인거죠.

그건 호감이 있어서라는 뜻과 일맥상통 하겠죠??
그런데 초대한 이 남자는 좋은데 집에 가서 이루어질 역사적 사건(?)
이 부담스러워서 거절을 하는 경우도 있어요.
이런 경우엔 뭐.. 시간을 두고 작업을 지속적으로 해야죠.
그녀가 진짜 좋다면.

어쨌든 개인적인 공간으로 누군가를 초대한다는 건 초대하는 사람이나
초대받는 사람. 둘 다에게 아주 큰 의미를 가지는 거죠.
둘만 가는 여행도 마찬가지구요.

어쨌든 둘이서 뭔가를 함께 한다는 건

다른 사람들이 많은 극장이나 거리에서도 다른 사람들이 침범할 수 없는
'특별한 공간'을 만든다는 의미가 돼요.
그렇게 공간을 만들기 시작하면 그때부턴 이 공간으로 침범하는 자는
불청객 취급을 받으며 의심과 질투의 대상이 되죠.

이 '특별한 공간'은 만나자 마자 툭 하고 생기는 건 아니니까
서로의 탐색전이 끝나갈 때 즈음(?)이 초대장을 보낼 수 있는
좋은 시기가 되겠네요.

여행이든 집으로의 초대든.

누군가를 초대할 용기가 남아 있는 남자는 참 멋진 남자인 것 같아요.
그래서 돈테 님이 지금 초대할 그 사람은 어떤 사람인가요??

궁금하네요.

전 돈테 님과 이런 저런 얘기를 주고받는 게 좋은데..
제가 며칠 전에 만난 친구에게 돈테 님 이야기를 했어요.
그 친구는 결혼도 했고 예쁜 아가도 있죠.
정말 오랜만에 만난 친구에게 제 일상의 이야기를 들려주다가 돈테 님
이야기를 했더니 그 친구가 이러더라고요.

당장 메일을 끊으라고.

그래서 제가 이유를 물었더니 그 친구가 이런 말을 하더라고요.

'이별에 대한, 사랑에 대한 카운슬링이 사랑을 더 약하게 만들어.' 라고요.

돈테 님, 진짜 그럴까요??
우리가 주고받는 이야기들이 서로를 더 힘들게 하는 일일까요?

이별과 사랑에 대한 카운슬링은
사랑을 더 약하게 할까요?

애잔 소나타... 14번

그녀와 함께 하는 특별한 공간,

둘만의 여행...

꽤 오랜동안 잊혀졌던 기억 저편의 일이라 생각만 해도

설레임이 한가득 입니다.

문제는 당장 함께 할 그녀라는 존재가 없다는 거죠.

그냥 문득 궁금해져서 여쭤 본 거예요.

물론, 아린 님의 조언에 힘입어 누군가에게 해돋이 여행을 제안해 볼

용기가 생긴 건 하나의 수확이에요. :)

'이별에 대한, 사랑에 대한 카운슬링이 사랑을 더 약하게 만든다...'

한 자 한 자 곱씹으며 떠올려 보니 틀린 말은 아닌 것 같네요.
그간 아린 님과 오랜 시간 사랑에 대해 논하며 다시 사랑하고 싶다는
욕구보다 '사랑'이라는 놈이 더욱 더 혼란스럽고 어렵게만 느껴지는 것
같아요.
메일의 시작은 같은 상처를 반복하지 않기 위해 '지피지기'의 마음으로
스타트를 걸었는데 과연 지금 내가 다시 사랑 앞에 서서 명확히 리드해
나가며 행복한 사랑을 이어 갈 수 있을까?

알쏭달쏭, 왔다갔다..
할 수 있을 것 같기도 하고, 아닌 것 같기도 하고...
글쎄요, 저 또한 뭐라 단정 지어 답할 수가 없네요.
아무래도 이번 기회에 생각의 시간을 가져보는 것도 좋을 것 같아요.

그간 아린 님과 주고받은 메일들을 하나하나 다시 읽어보며 그간의
제 심적 변화들이 어느 방향으로 흘러가고 있는지 정리해 볼까 해요.
그리고 편식하고 있던 것이 있다면 부족한 영양분에 대한 이야기들로
다시 아린 님과 대화를 이어 갈까 하는데 어떠세요?

아린의 푸념 열네 번째

왠지 모르게 요즘 제 마음이 약해졌나 봐요.

괜히 풀 수도 없는 문제를 붙들고 밤새 끙끙 앓고 있는 멍청한 바보처럼.

이렇게 복잡한 거라면 그냥 혼자 사는 것도 나쁘진 않겠다 싶기도 하고.

오랜만에 돈테 님의 연락을 받고 이것저것 물어보고 알아가기 시작했지만.

남자는 똑같은 존재인 건가? 라는 결론밖엔 도달하지 않더라고요.

분명 개개인의 차이는 있을 텐데..

우리 사이에 뭔가 빠져 있단 느낌??

이 편지는 아무래도 보내지 못할 것 같네요.
조금 더 생각이 정리되면 다시 편지할게요.

아린의 열다섯 번째 답장

저의 지난 질문이 돈테 님에게 많은 생각을 하게 만든 건 아닌가.
괜히 아무것도 아닌 일을 심각하게 만들어 버린 게 아닌가 하는 생각이
들었어요.
남자는 남자일 뿐. 오해하지 말아야 하는데.
너무 깊게 생각했나 봐.

사실 저... 돈테 님이 먼저 메일을 보낼 거라고 생각하고 기다리고
있었거든요.
그런데 일주일이 지나도록 아무 연락이 없길래... 용기 내어 먼저 메일을
보냅니다.

친구가 제게 한 이야기는..
절 걱정해서 그런 거더라고요.

굳이 알 필요도 없는 이야기들을 알아서 뭐하느냐고...

예전 기억을 떠올려 보면 굳이 알 필요도 없는 이야기를 알려 들다가
남자 친구와 오해가 생겨 싸운 적도 있었던 것 같고. 그 이유가 커져서
이별을 했던 적도 있었거든요.
지나고 후회했던 기억들이 제 친구가 한 말로 인해 불쑥 하고 치밀어
올라 무서웠던 거 같아요.

그런데 말이에요, 돈테 님.
그냥 사랑이란 걸 시작하게 되면 알던 일들도 궁금하게 되는 것 같아요.
남자 친구에게 직접 물어보기 민망한 일도 있고
또 당사자에게 직접 묻기엔 부끄러운 것들도 많고.

그래서!
전 돈테 님의 카운슬링은 꼭 필요한 거라고 생각하게 됐어요.
어느 누가, 그것도 얼굴도 모르는 사람이 물어보는 유치하면서도
가끔은 황당한 질문에 이렇게 솔직히 정성스럽게 답변해 주겠어요.

돈테 님의 메일을 읽어 보고 그 뒤에 어떻게 할지는 제 몫이니까.

돈테 님. 이상한 질문한 거 사과할게요.
제 사과 받아 주실거죠?

이제 올해도 하루밖에 남지 않았네요.
내년엔 돈테 님도 저도 연애를 시작해야 할 텐데... 그죠?
그래서 이번엔 열심히 해 보려고요.
적극적인 여자로 변신!
이게 제 새해 목표거든요.

돈테 님이 도와주셔야 해요~ 꼭이요.
그래서 말인데요.

저에게 호감을 표시해 오는 남자들 중에
진짜 나랑 진지하게 만나 볼 생각이 있는 사람과
vs 그냥 한 번 찔러만 보는 남자.
어떻게 구별할 수 있을까요?

새해부터 김칫국부터 마시면 배가 너무 부르잖아요. :)

호감 감별법:

진지하게 준비하는 남자 vs 간만보는 남자

Newton's Law
$i\hbar \frac{\partial \Psi}{\partial t} = E\Psi$ Schrödinger Eq

돈테의 새해맞이 열다섯 번째 타종

본의 아니게 초조함을 안겼다니 죄송해요.

제가 평소엔 밝은 편인데 고뇌에 빠지다 보면 그 누구보다 진지해지는
편이라...

아린 님의 말을 듣고 심사숙고하느라 고민 중이었어요.

좀 더 솔직히 말하면 어떻게 다시 이야기를 이어 가는 게 적당할지 마땅
한 방안을 찾느라 나름의 고군분투 속에 시간을 보냈어요.

더불어 즐비한 연말 모임 또한 한 몫 했고요.

그 와중에 아린 님의 답장을 받고 안도감에 미소가 지어지더군요.

마치 그간의 시간들이 우리에게 쌓아준 소통의 공감이 제대로 통한
느낌이랄까.

여하튼 결론은 저도 오케이입니다.

아린 님 말처럼 저 또한 그간의 메일들을 다시 읽어 가다 보니 그동안
몰랐던 공간적 체취가 느껴졌어요.

분명 얼굴 본 적 없고, 직접 대화 한 번 나눈 적 없는 아린 님인데 왠지
칸막이로 가려진 경양식 집에서 오래된 이성 친구끼리 후추 뿌린
스프가 나오는 돈까스 세트를 시켜 놓고 폭풍수다를 떨며 후식인
오렌지 주스와 커피까지 챙겨 마시며 이야기를 나누는 듯한 느낌…

(가도 너무 멀리 갔나?)

나이가 들어가며 오래전 그때가 그리워지고 되돌아가고파지는 건 아무
래도 좋은 추억이 많아서겠죠?

여하튼 그 어떤 친구보다 내 이야기에 진심으로 귀 기울여 주고
진지하게 답해 주는 좋은 친구.

그런 친구가 떠올려졌어요.

해서 앞으로도 쭈욱 이어 가렵니다.

우리 서로 가려운 곳을 시원하게 긁어주는 친구가 되자고요.

아자! 아자! 홧팅!!!

진심 어린 남자 vs 그냥 한 번 찔러 보는 남자

진심 어린 남자는 모든 면에서 조심스럽습니다.

그대에게 말 한마디 건네는 것도 조심스럽고 신중하며,

눈빛 마주치는 것조차도 설레임에 떨릴 수밖에 없는…

말 그대로 진지함이 눈에 선하게 보인답니다.

그에 반해,

그냥 찔러 보는 남자는 모든 면에서 자연스럽습니다.

대화에 있어 자연스럽다 못해 자신감에 넘치며, 가벼운 스킨십 정도는
거리낌 없이 자연스러운 건 당연지사고, 심지어 고백조차도 쿨하게
던집니다.

간혹 이걸 남자다움으로 오해해 뒤땅 치며 후회하는 경우가 있는데
잘 살펴봐야 합니다.

구분법은 의외로 간단합니다.

인내력의 차이를 살펴보면 됩니다.

진심 어린 남자는 책임을 질 줄 압니다.

무심코 던진 말도 그냥 지나치지 않고 말없이 챙기고, 자신이 한 말에
대한 건 지키려고 노력 합니다.

무엇보다 한 번에 포기하지 않습니다.

설사 자신의 고백을 여자가 거부한다고 해서 그걸로 마음을 접는 게
아니라 곁에서 지켜보며 항상 일관성 있게 상대를 대합니다.

매일 전하던 따뜻한 아침 인사말도 그대로 전하고, 함께 하는 순간순간
늘 항상 변함없는 배려심으로 당신을 챙깁니다.

하지만, 그냥 찔러 보는 남자라면 여자에게서 미온적이거나 거부와
불편함의 기운이 느껴지는 순간, 안면 몰수하듯 차갑게 돌변합니다.

따뜻하게 챙기던 배려는 무덤덤한 무시로 이어지고,

자신이 한 약속 같은 건 이미 기억에서 떠나보낸 지 오래입니다.

너무나도 태연히 무느낌으로 당신을 대한다면

그는 애당초 당신에게 진심 어리게 다가온 게 아니라 아님 말고 식으로

접근한 것일 확률이 큽니다.

그러니 살포시 남자를 밀어내 보세요.
단, 너무 과하지 않게...
자칫하면 정말 싫은 걸로 오해해 아예 맘을 접는 불상사가 일어날 수도
있으니까요.

사실
밀당은 연애할 때가 아니라
사전에 남자를 선택할 때 필요한 거랍니다.

밀당 얘기가 나와서 말인데 연애를 하다보면 여자들의 행동이나 말들
중에 아리송한 게 너무 많아요.

고백했는데 '싫다, 좋다'라는 확답은 없이 남들 하는 데이트들 다하고,
사랑표현 할 거 다하며 정작 결정적인 순간엔,
'아직 연애를 안 해 봐서 모르겠다느니, 난 이런 남자 친구가 있으면
좋겠다...'
라는 황당무계, 얼토당토 안한 말로 멘붕에 빠지게 하는 등.

도대체 여자들의 입에서 어떤 말이 나와야, 아니면 어떤 행동들이
보여져야 나랑 사귀는 거라는 확신을 가질 수 있나요?
더불어 사귀자는 제안에 말끝을 흐리는 여자라면 가능성을 두고 계속
만나야 하나요?

220

아니면 일찌감치 접어야 하나요?
아, 알다가도 모를 여자의 마음…
어떻게 한방에 확 진심을 알 수 있는 방법은 없나요?

사귀자는 제안에 말끝을 흐리는 여자 :

그녀의 간보기

<u>아린의 열여섯 번째 이야기</u>

아직 이 세상에 돈테 님이 말한 그런 순수한 남자가 남아 있을까요?
누군가 그랬죠.
순수의 시대는 갔다.

아마 이 말엔 앞에 "사랑에 있어서.."가 빠진 게 아닐까 싶은데..
요즘은 너무 쉽게 만나고 너무 쉽게 상처주고 너무 쉽게 이별하니까.

제겐 아직 어렵기만 한 사랑이 다른 사람들에겐 점점 쉽고 가벼워지는
것 같아서 가뜩이나 어려운 사랑 그놈이 더 어려워졌어요.

돈테 님이 답변해 준 말처럼.
제게 진심으로 다가와 말없이 제 곁을 지켜주는 사람이 있었다면
아마 전 돈테 님과 친구가 되지 않았겠죠.

돈테 님. 그런 남자는 없어요.
그냥 그런 척 하는 남자만 있을 뿐.

기다리는 척 하면서 다섯 명 이상의 여자와 문자를 주고받으며
감정 교류를 하고 있을 테니까요. 이건 제가 남자들을 이상하게 보고
하는 얘기는 아니랍니다.
그냥 요즘 제 주변 남자들을 봐도 그렇고 제 친구나 후배들이 하는
이야기를 보면 순수한 남자들은 다 죽어 버린 것 같아요.

아마 마지막으로 남은 순수남을 찾는다면 아마 직접 만나지 않아서
모르겠지만 돈테 님이 아닌가 싶어요.
그래서 닉네임이 '돈키호테' 인지도...

여자들이 속상하고 안타까운 건.
어쩌면 남아 있을지도 모르는 그 순수남들이 와도 왜 그 사람은 항상
가진 거 보다 모자란 게 백만 개인지.
이 아이러니가 극복 안 되는 현실이에요.

나만 바라보는 순수남보다 그냥 찔러만 보고 가는 사람들이 매력적이니..
정말 귀신이 곡할 노릇인거죠.

똥인지 된장인지
설탕인지 소금인지
찔러 봐야 맛을 알고
겪어봐야 결론이 난다는 거.
그래서!
찔러 보고 도망가는 놈들에게 화내지 않고
그냥 찔러 주는 것만으로도 감사하며 살아야 하는 세상이 아닌가...
요즘 생각하고 있네요.

절대 연애 못해 우울한 여자의 투정은 아니고요.

그런데 남자들은 혹시 아는지.
그런 찔러봄이 남자들의 전유물은 아니라는 거.

일명 '간보기'는 예전부터 연애를 시작하기 위해 필수로 거쳐야 하는 탐
색전 중 하나이긴 했죠. 예전의 간보기는 주도권을 누가 잡느냐 하는 밀
당의 용도였다면 요즘은 그야말로 이 사람 저 사람 비교해 보고 사귀기
위한 용도 정도가 되나 봐요.

그래서 여자들도 요즘은 이 남자 저 남자 곁에 두고 비교 분석하는
추세예요.
여자들이 잘하는 게 이거잖아요.
백화점을 하루 종일 돌아다니며 이것저것 가격 비교, 디자인 비교,
스타일 비교 후에 제 것으로 만드는.

여자의 본능이 이제야 때를 만난 걸까요?

비교 분석에 들어간 여자는 남자에게 어느 정도 호감의 표현은 하지만
확답은 안 해요.
이거다 하고 단정을 내릴 수 없는 애매한 표정, 모호한 말투를 사용하게
된답니다.

어떤 여자가 당신의 가까이 있는데 뭔가 '이거다' 하고
정의 내릴 수 없다면
당신은 그 여자의 '간보기' 상대가 되고 있습니다.

그렇다고 슬퍼하진 마세요.
그래도 그 여자의 간보기 상대 중 당신이 1,2위를 다투고 있는 선두주자
일지도 모르니까요.

돈테 님이 질문한 상태가 바로 '간보기' 상태라는 거예요.
이런 상황에 있는 여자들은 어떤 말로 정의를 내리려고
강제로 '사귀자' 라고 한다거나
'도대체 나는 너에게 뭐니?' 라는 질문을 해 버리면 도망가 버린답니다.

그 여자는 속으로 이렇게 생각하죠.
'우리 서로 간보는 거 아니었어? 너두 나한테 그랬잖아?
그런데 웬 오버??'

이렇게 애매모호한 행동을 보이는 여자들은
첫 번째, 내 남자라는 feel이 안 온다.
그리고 두 번째, 상대방의 남자도 이렇다 한 확답을 주지 않는다.
라는 생각을 가지고 있답니다.

여자의 마음은 갈대라는 말이 있잖아요.
민들레, 해바라기도 살랑살랑 부는 바람엔 흔들리는 법.

이 남자가 혹시 내 남자일까 해서 잘 대해 주지만 집에 돌아가 생각해 보면 아닌 거죠. 그 와중에 '사귀자'는 대답에 말끝을 흐린다면 그냥 그 여자는 포기하는 게 좋아요.

당신이 만약 이 세상에 남은 마지막 '순수남'이라면 그 옆에서 버틸 수 있겠죠. 그러다 보면 당신의 진심을 알게 된 그 여자는 당신의 순수함에 반할 거구요.

그러나!
당신은 순수남이 아닐 수 있다는 거.
버틸 자신 없고 이 세상 여자 많다고 생각하는 평범한 남자라면
그냥 그런 여자는 포기하세요.

그녀가 이 세상에서 꼭 만나야 하는 마지막 여자라면 포기하지 마세요.
하지만. 아니니까. :)

참 웃기죠?
남자나 여자나.
이 사람이 내 사람인지 아닌지 끊임없이 궁금해하니까요.

그래서 궁금한 질문 하나.

남자들은 지난 사람과의 연애를 이번 사람과 복습하나요?
아니면 새로운 데이트 장소를 물색하며 예전 사람과의 추억을 피해서
예습하나요?

그냥 문득 예전에 남자 친구와 같이 갔던 곳에서 데이트를 하다가
지난 사랑의 추억에 빠져들었던 기억이 나서요.
옆에 있던 사람에게도 미안하고 가슴도 먹먹해지고.
그닥 상큼한 기억은 아니었던 것 같아서.

지난 연애 복습하는 남자

사랑 참 어렵다...
그래도 하고 싶다...
그래서 묻게 되는

돈테의 열여섯 번째 문의사항

역시나 사랑은 이기적인 것 같아요.
여자는 순수하길 바라면서 정작 나는 순수하지 않다...
아린 님의 말에 평소 반론제기가 취미인 제 입장에서도 무어라 할 말이
없네요.

저도 모르게 아린 님 앞에서는 진실되어 지는 것 같아요.
그리고 떠올려 봅니다.
정말 내가 순수했던 때가 언제인가?
부끄럽게도 단 한 번도 없네요.
겉으론, 입 밖으론 순수하다 말하지만 마음으론 내 마음과 평행선을
걷는 그녀를 바라보며 속상해 하고 서운해 하며 차곡차곡 쌓았던 맘을

한순간에 풀어내며 이별을 준비하는 나…

지금껏 그렇게 살아왔어요.
앞으로도 그렇게 살아가겠죠?
아니, 아니 그러고 싶지 않아요.
정말 사랑만을 머금고 사랑만을 느끼며 단둘이 오붓이 살아가고 싶은데
그러려면 제가 많은 걸 접어야겠죠.
아니, 받아들여야겠죠…

그게 사랑이 맞는 걸까요?
그럼 그녀가 백 퍼센트 진심을 알고 나의 마음속으로 들어올까요?
확신이 있어도 섣불리 달려들지 못하는 현실은 지나온 상처들의 쓰라림이
아직 남아 있어서 일까요?
왜 언제나 내가 더 많이 줬다고 생각하며 살아가는 걸까요?

멍.청.이.
누군가가 나에게 던진 한 마디가 불현듯 울려 들립니다.
그녀에게 전 멍청이입니다.
알면서도 모른 척, 보고도 못 본 척, 들어도 못 들은 척.
척. 척. 척.
그렇게 그녀를 이해하려 눈감고 귀 막고, 입 닫고 참았습니다.
그녀에 대한 마음이 컸으니까요.

모든 걸 다 이해할 수 있다고 말했습니다.

그녀를 좋아하니까요.

놓치고 싶지 않았으니까요.

하지만, 마음 한켠에선 항상 이기적인 마음들이 솟구칩니다.

나랑의 약속보다 다른 사람과의 약속이 우선인 그녀..

나랑의 만남보다 다른 사람들과의 만남이 더 많은 그녀...

나의 이해와 배려의 크기보다 항상 부족해 보이는 그녀....

내가 먼저 좋아하고 마음이 열릴 때까지 기다리겠다고 해 놓고...

모순인 걸 알면서도,

서운하고 속상한 건 어쩔 수 없는 마음인가 봅니다.

그렇게 우리는 사랑에 관한한 타협 속에 살아갑니다.

그래요, 아린 님 말대로 진짜 순수남은 세상에 존재하지 않는 것 일지도 모릅니다. 그저 잠시 순수남의 가면을 쓰고 연극을 하는 것 일지도 모릅니다.

하지만, 전 믿어요.

마음과 마음이 서로 통하는 순간, 순수남은 세상에 다시 등장한다는 걸...

운명...

그건 서로의 노력에서 비롯되는 것 같아요.

상대가 나에게 진심을 대할 때 오롯이 받아들여 주는 것...

적어도 우린 언젠가 우리 앞에 다가올 순수남, 순수녀를 만나면 꼭 그렇게 대하자고요.

허걱...

밀려오는 감성에 젖어 너무 진심을 보인 것 같아 부끄~ 부끄~

급 화제 전환!!!
인간은 학습의 동물입니다.
연애에 있어서도 예외는 아니에요.
적어도 좋았던 것들에 대해서는 복습을 한다고 보시면 돼요.
그녀와 함께 갔던 맛집, 카페 같은 장소는 물론이고,
선물이며 심지어 달콤한 멘트조차도 리플레이하는 경우가 있어요.
그도 그럴 것이 여자들의 취향이란 게 아주 특별한 경우를 제외하고는
다 비슷하다고 여기는 게 남자들이거든요.
그리고 어느 정도 들어맞는 것도 사실이고…

제 친한 후배 중엔 어디든 여친이랑 갈 때 항상 '여기는 처음 와 봐'라고
말하는 친구가 있는데 한 번은 지금 여친이랑 왔던 곳인데 '여기 처음 와
봐'란 말을 했다 곤혹을 치른 경우도 있어요.
그런 면에서 볼 때 남자들은 늘상 비슷한 패턴으로 연애를 하는 것 같아요.

얘기 나와서 말인데 아린 님, 남자들이 하는 보편적인 이벤트나 배려들
중에 '이건 아니다, 별루다' 싶은 노력에 비해 효과는 미비한 그래서 여자
들이 별 감동을 받지 않는 임팩트 없는 것들에 대한 목록들 좀 알려 주실래
요.
친한 여자 친구들의 수다들을 엿듣다보면 의외로 아닌 것들이 많더라고요.

그와 나의
리미티드 에디션

있을 때 잘하지 왜 지나고 후회하는지
멍청한 남자들에 대해 궁금한

아린의 열일곱 번째 편지

돈테 님.

있을 때 곁에 있을 때 잘하지 그랬어요.

왜 남자들은 항상 뒤늦게 땅을 치고 후회를 할까요?

그냥 사랑할 때 넘치다 싶게 해 주면 손해 본다는 생각을 하는 건가요?

왜...

돈테 님의 고해성사가 저는 부끄러울까요.

그녀가 혹시라도 이런 마음을 알게 되면 감동받지 않을까 생각하고 있는 건... 아닌 거죠?

'좀 더 잘해 주지 못해서 미안해.'
이 말만큼 무책임하고 멍청한 말은 없는 것 같아요.

'좀 더 잘해 주지 않았다'는 사실은 당시엔 '더 잘해 주고 싶을 만큼 사랑
하지 않았어.'란 말로 해석할 수도 있으니까요.

돈테 님이 얘기한 것처럼 사랑은 '이기적'이 될 수밖에 없는 것 같아요.
사랑할 땐 이기적이었다가 지나고 나서 이기적이었던 걸 미안해하는 건..
좀 웃겨요.

그냥 갑자기 감상에 젖은 돈테 님에게 찬물을 확 끼얹어 버린 것 같아
미안한데...
만약 제가 사랑했던 한 남자가 어딘가에서 술을 마시며 친구에게
돈테 님과 같은 고백을 하고 있다면 좋은 추억마저도 정이 떨어져
버릴 것 같아서요.

사고 싶었던 '리미티드 에디션'을 망설이다가 놓쳐 버린 순간처럼
후회는 밀려들겠지만 곧 새로운 신상이 나올 테니까!

남자들이 찌질해 보이는 순간이 아마 지난 사랑에 후회하는 모습을
보이는 순간일 거예요.

드라마나 노래에 나오는 남자들의 후회는 여자들의 가슴을 저미죠.
하지만 리얼리티 속에서는 냉소를 부르는 찌질남이 된다는 사실을
명심하세요.

그리고 이번 돈테 님의 답장은 뭔가 제 가슴을 답답하게 만드네요.
남자들은 비슷한 패턴으로 연애를 한다니…

비슷한 패턴에 질리지 않나요?
저 같은 경우엔 이제 어떤 장소에 가더라도 '이곳에 오는 내가 몇 번째일
까?'라는 생각을 하게 될 것 같아요.
그때의 감정은 물론 그때의 순간은 다 다르겠지만
둘만 공유할 수 있는 추억이라는 게 얼마나 소중한데.
그걸 다른 사람과 나눈다니…

그 옛날 남자 친구에게만 주려고 레시피를 보며 끙끙대고 만들었던
사람 모양의 쿠키를 내가 보는 앞에서 친구들과 머리 따로 몸 따로 다리
따로 나눠 먹던 그 아이가 생각나네요.

거 봐요,
제가 이렇게 기억하고 있잖아요.
그 순간이 우리 둘만의 추억이 될 수도 있었는데 그 추억을 자기의
친구들과 공유해 버렸다는 사실을 남자들은 잘 모르는 것 같아요.
그 추억도 추억이라면 할 말 없지만…
여자들은 '공주병'이 있어요.

나쁜 의미의 공주병이 아니라.
소중한 사람으로 대접받고 싶어 하는 욕구가 기본적으로 있다는 거죠.

공주병이라고 하면 부정적인 의미가 있을 수 있으니까 '여왕병'으로
바꿀게요.
여왕인 여자 친구를 기쁘게 하려면 그럼 어찌해야 될까요?

엄청난 보석과 산해진미 혹은 갖가지 값비싼 선물들만이
여왕을 감동시킬 수 있다고 생각하시나요?

물론 너무 기쁘겠죠.

그런데 그런 비싼 선물들을 그냥 '물건'으로 내미느냐 '의미를 담은
물건'으로 내미느냐의 미묘한 차이가 있어요.

아무 의미 없이 선네는 선물은 때우기 용으로 밖에 보이시 않서든요.
여자 친구의 일상생활이나 지나치는 말을 세심하게 살펴서 그에 맞는
선물을 해 준다면 값비싼 선물이 아니더라도 감동시킬 수 있어요.

여자들에게 남자들이 하는 가장 한심한 이벤트로 꼽히는 것 중의 하나가
'꽃다발'이에요. 이건 워낙 유명한 이야기니까 돈테 님도 아실 거예요.

그런데 그게 꽃을 선물하는 것 자체를 싫어한다고 남자들은 오해하더라
고요. 그래서 심지어 제가 아는 동생은 1년 넘게 사권 여자 친구에게 꽃

선물을 한 번도 한 적이 없다는 거예요.

오 마이 갓!!!!
꽃이 그냥 의미 없는 꽃이니까 싫어하는 거라고요.
선물 하나 건네기 심심하니까
로즈데이니까
그리고 기념일이니까 사는 꽃은 별로예요.

"좀 있으면 시들 건데 돈 아깝게 왜 사?"라는 말이 나올 수밖에 없죠.

그런데 이런 경우는 달라요.

어느 봄날.
여자 친구와 함께 걷고 있었어요.
마침 꽃집을 지나고 있었고 이때 여자 친구가 지나가는 말로 한 마디를
하죠.
"어머 봄인가봐, 꽃향기 너무 좋다."

이 말을 놓치지 않고 기억했다가
며칠 후 퇴근길에 꽃다발을 들고 약속 장소에서 기다려 보세요.

그럼 여자 친구는 이런 얘길 하겠죠.
"뭐야 촌스럽게.. 꽃다발은!"

그때 꽃다발을 건네며 한마디 하세요.
"잠시나마 봄 향기를 느끼게 해주고 싶어서~ 며칠 전에 꽃향기를 맡은
네 표정이 너무 행복해 보였어."

이 멘트까진 너무 오글거린다 싶으면
시크하게
"나보다 이놈이 널 더 행복하게 하는 거 같아서 질투가 나서 데려왔어
때려 주려고."

이 멘트도 오글거리나요?

어쨌든 쓰다 보니 좀 과한 경향이 있는데
이렇게 여자는 세심한 관심이 들어간 선물이나 이벤트는 그게 길거리의
잡초다발을 선물로 주는 거라도 감동을 줄 수 있답니다.

돈테 님 기억하실런지 모르겠지만
예전 광고 중에 음료 캔 뚜껑을 청혼 반지로 건네며 "넌 내꺼야." 했던
광고!!!

바로 이런 이벤트가 둘만 공유할 수 있는 추억이자 최고의 선물이 되는
거랍니다.
아무리 비싼 명품이어도 그냥 물건만 떡하니 안기는 거라면 그 효과는
얼마 못갈 거예요.

그건 그렇고 이런 이벤트도 있을 때 잘해야 한다는 거.

그런데 왜 남자들은 지나고 후회를 하는 건가요?

도대체 이해가 되질 않아서 다시 물어봐요. 왜 그런 거예요???

겨울엔   여름이   그립고   여름이면   겨울이   그리운

반복되는   계절   속에   반복되는   투덜거림처럼

이별   후   늘상   반복되는   후회

왜 남자는 꼭 지나고 나서 후회할까?

그 열일곱 번째 도돌이표

찌질남!
한방 먹은 이 기분…
하지만 맞는 말이라 뭐라 대꾸할 수 없는, 그나마 아린 님과 대면한 적이
없다는 게 작으나마 부끄러움을 덜어주네요.

그래요, 아린 님 말대로 저는 물론이거니와 대다수 남자들이 이별 후
찌질남이 되는 건 어쩔 수 없는, 아니 이미 익숙해져 버린, 그래서 안하면
허전하고 서운한, 더불어 아이러니하게도 후회가 없는 사랑은 사랑이
아니었다 여기는 지경에까지 이르는 것 같아요.
(제 얘기에 또 한 번 미간을 찌푸리는 아린 님의 모습이…)

남자들은 그래요.

예전에 함께 듣던 음악, 함께 하던 공간을 우연히 듣고, 찾게 되면 덜컥
튀어나오는 추억의 애잔함에 뭉클해진 가슴이 더 이상 그녀와 함께
하지 못한다는 아쉬움을 불러내 순간, 울컥하는 거죠.

아마 이별의 원인을 제공하는 게 대부분 남자이다 보니 어리석음에
대한 뒤늦은 후회가 밀려와서 인 게 아닐까 싶네요.

선물의 가치보다 의미를 부여하라.

참 알지만 쉽지 않은 것 같아요.

저의 학창 시절, 그때는

사랑을 예찬하는 책 한 권에 화이트로 한 자 한 자 마음을 적은 낙엽으로
코팅한 책갈피를 끼워 건네고,

그녀에게 들려주기 위해 손톱이 부러져가며 주구장창 '미소 속에 비친
그대'를 마스터 하느라 밤을 지새우며,

정성을 쏟아 마음을 전했었는데...

어느 순간 그 모든 게 고리타분하고 유치한 표현이 되어 버렸으니.

빨라진 세상만큼 사랑에 관한 표현도, 건네는 선물도 쉽고 빠른 것만이
대세인지라 정말 무엇이 정답인지 헷갈릴 때가 많아요.

세월을 따라가지 못하는 제가 이상한 걸까요?

사랑마저 쉽고 간편하게 여기는 요즘 세상이 문제인 걸까요?

적어도 제 짝만은 조금 느리고 조금 복잡해도 깊이를 즐길 줄 아는 사람
이었으면 하고 바라봅니다.

그런 의미에서 답변을 듣고 보니 아린 님은 정말 순수하신 분 같아요.

사실, 제 주변 여자들의 얘기를 듣다보면 무척이나 현실적이거든요.
대놓고 꽃다발 보단 명품백이 좋고, 감동의 편지보단 상품권 든 봉투를
더 좋아한다고 하더라고요.

종합해보면, 결국은 꽃다발에 감동스런 의미를 부여해 전하는 것보다,
다이아몬드에 값진 의미를 덧붙여 준 선물이
그녀의 마음에 더 와 닿는다는...
등골 휘는 부담백배의 현실...
아, 돈 벌어야지!!!

남자들의 뒷북 후회...

앞서 말했듯이 잘못한 사람에게 후회가 뒤따르는 건 당연한 법.
이별의 빌미나 원인을 제공한 남자일수록 더욱 후회가 큰 게 아닌가
싶어요.
누차 이야기했지만 이별의 원인을 놓고 보면 남자가 여자를 지치게 해
결국, 참다못한 여자가 이별을 선포하는 경우가 다수이다 보니,
되돌릴 수 없는 현실에 대한 아쉬움이 돋아나 그런 게 아닐까 싶네요.

거기다 살짝 덧붙이자면, 그녀의 빈자리가 클 때 그 후회가 더욱 크게
밀려온답니다.
가려운 등을 보며 시원스레 긁어주던 그녀의 손길이,
운전할 때 옆에서 까 먹여 주던 귤을 혼자서 핸들을 잡고 용을 써가며
먹겠다고 발버둥 칠 때... 등등.

그렇게 늘 곁에 있어 몰랐던 그녀의 소중함이 항상 존재하던 공기가
사라져 숨 막히는 것만큼이나 크게 와 닿는 거죠.
이건 제 아무리 원 없이 잘해줬다 생각했던 그녀라도 이별 후에는
어쩔 수 없이 찾아오는 금애현상 중 하나가 아닌가 싶어요.

자, 이제 저의 질문 타임!!!
아린 님, 오늘은 원초적인 궁금증 하나 여쭤 볼게요.
여자들이 가장 듣기 싫어하는 남자의 말 베스트10.

도대체 어떤 말을 할 때 여자들은 이 남자에 대해 속된 말로 확 깬다
싶거나,
있던 매력도 없어지는 찌질남으로 보이나요?

여자는 이런 말 하는 남자가

싫다

빠름 빠름 빠름을 외치는
LTE 세상 속에 살고 있지만
사랑만큼은 영원한 아날로그이길 바라는
<u>아린의 열여덟 번째</u>

쉽게 만나고 쉽게 헤어지는 사이에서도 남자는 후회를 하나요?

지나고 보니 괜찮은 여자였던 것 같아서
아니면 이 여자라도 사귈 걸 하는 외로운 아쉬움 때문에?

어쩌면 돈테 님과 제가 지금 주고받는 이야기 속에는 모두 '순수함'을 가
지고 있다는 전제하에서 하는 이야기들 같아요.
혹시라도 우리들의 편지를 다른 사람이 훔쳐본다면
"이런 사람들이 요즘 어딨어?"
"유치하구만."이라는 평가를 할지도 모르죠.

그런데 사랑은 유치해야 좀 맛이 있지 않나?
우리가 겪는 사랑은 나이를 먹으며 가식이라는 두꺼운 갑옷을 입는 것
같아요.
어른이 유치한 사랑을 하게 되면 '바보' 나 '멍청이' 가 되니까요.
그래서 똑똑한 척 감정을 숨기고 표현을 아끼느라 정신이 없죠.
사실 그 속에는 사춘기 시절 좋아하는 사람 앞에서 볼 붉게 물들이고
두근댔던 마음들을 가지고 있으면서 말이에요.

중학교 2학년이었나..
수학의 정석을 배우던 학원에서 짝사랑 하던 고등학교 오빠가 있었어요.
멀리서 그 오빠의 실루엣만 보여도 미친 듯 심장이 뛰었던 것 같아요.
물론 그 오빠의 얼굴을 제대로 쳐다본다는 건 중학생 아린에게 있을 수
없는 일이었죠.

늘 손끝
뒤통수
발
가방 등을 봤던 거 같아요. 큭큭.

그런데 참 신기한 게 좋아한단 말도 안했는데 그 오빠 친구들이 제가
그 오빠를 좋아하는 걸 다 알고 있더라고요.

처음엔 부끄러워서 학원도 며칠 못 갔어요.
학원을 못 가서 오빠를 못 보는 게 어찌나 속상하던지..

결국 며칠 후 학원을 갔죠.
그런데,
그 오빠가 학원을 나오지 않는 거예요.
다른 큰 학원으로 옮겼다고 하더라고요.

어떤 고백을 한 것도 아니었고 오빠와 대화조차도 나눈 적 없지만
아직도 제 가슴 한켠엔 아련한 추억으로 남아 있답니다.

그 오빠가 학원 교탁 위에서 부르던 유재하의 '그대와 영원히'도
생생히 기억이 나요.

근데 오빠 친구들이 어떻게 제가 그 오빠를 좋아하는지 알고 있었을까요?
아마.. 제 빨간 얼굴에 다 쓰여 있었겠죠?

'저.. 좋아해요. 당신을' 이렇게요.

그런데 요즘은 이 표정도 감추느라 정신없이 사는 거 같아요.
감정 숨기기에 능숙해지는 게 어른이 되는 거라면 어른으로 사는 게
싫네요. 그냥 돈테 님이 순수함에 대해 이야기를 하셔서 저도 잠시 추억
에 빠져봤어요.
다시 현실로 돌아와서 돈테 님이 궁금해하는 것에 대해 이야기를 해
드려야죠.

남자가 여자 앞에서 어떤 말을 했을 때 확 깨거나 찌질하게 보이는지!!

일단 먼저 확 깨는 멘트와 찌질해 보이는 멘트는 좀 구분할 필요가
있겠네요.

확 깨는 멘트는
무드를 깨는 멘트라고 생각하시면 돼요.

상황1.
여자 친구가 기념일에 큰맘 먹고 내 남친을 위해 비싼 선물 하나 해서
행복한 마음으로 줬는데
"야~ 이거 비싼 거지?? 이거 차라리 돈으로 주지.."
"꺅!!!!!!!!!!!!!!!"

상황2.
남자 친구에게 예뻐 보이고 싶은 건 여자들의 영원한 욕구이자 소망.
미용실에서 거금 들여 헤어스타일을 바꾸고 갔는데.
"머리했네? 근데 옛날 머리가 더 낫다." 혹은 무반응!!!
"꺅!!!!!!!!!!!!!!"

상황3.
전화 통화 중에 로맨틱한 무드에 빠져 있는 여자 친구 남자 친구에게
묻습니다.
"나 얼마나 좋아해?"
"넌 그걸 꼭 알려고 하더라. 그런 질문 하지 마."
"꺅!!!!!!!!!!!!!!"

팔짱을 끼고 걷고 있던 중 예쁜 여자가 지나가는 걸 보고 여자 친구가
묻습니다.
혹은 영화나 티비를 보다가 여배우, 여자 걸그룹 멤버를 보고 묻기도
합니다.
"내가 예뻐 저 여자가 예뻐?"
"넌 말이 되는 질문을 해라!!" 혹은 무응답!
"꺅!!!!!!!!!!!!!!!"

회사 혹은 학교에서 동료들과의 문제로 스트레스 받은 여자 친구가
남자 친구에게 말합니다.
"이러저러한 일이 있어서 열 받았어.. 진짜 나쁘지?"
"흠... 이번엔 네가 좀 잘못한 거 같은데..? 그쪽 기분도 이해해 줘야지!"
"꺅!!!!!!!!!!!!!!!"

그리고 기타 등등.
여자들이 남자 친구에게 건네는 이런 종류의 말이나 질문은 정답을
구하고 싶어서가 아니라 내 편에 나에게 힘을 실어주길 바라서
즉, 동조를 구하고 싶어서 물어보는 거랍니다.
그런데 대부분의 남자들은 보란 듯이 떡하니 정답을 여자 앞에 내밀죠.
그러면 홀딱 깨버리는 거예요.

상황4의 경우 여자 친구들에게 물어보면

아니더라도. "네가 더 예뻐." 혹은 "이런 부분은 네가 더 매력 있어!"라

고 이야기를 해 주거든요. 물어보는 여자도 자신이 그녀들보다 예쁘지

않다는 걸 모르는 게 아니거든요.

그냥.

내 편이 나를 위해 어떤 말을 해 줄까... 기대하고 있는 거예요.

한번 기대감을 채워주는 멘트를 해 보세요.

그러면 여자는 행복해서 기절할걸요??

그리고 찌질해 보이는 경우는 아마 '돈'에 관련된 멘트나 자신을

항상 부족하다고 입버릇처럼 얘기하는 남자들이 아닐까 싶어요.

자신감이 결여된 경우.

남자는 찌질해 보인답니다.

돈테 님.

바보같은 질문일 수도 있는데

남자에게 '좋아한다'와 '사랑한다'는 어떤 차이가 있나요?

'좋아한다'는 말은 '사랑한다'의 시작이라고 생각해도 되는 걸까요?

'좋아한다'는 말을 하고도 변할 수 있나요?

'좋아한다'는
'사랑한다'의 시작일까?

그 열여덟 번째 의뢰서

설레임, 순수함…

그간 대화를 이어가며 은연중에 느꼈지만

아무래도 아린 님과 저는 같은 세대를 살아온 사람 같아요.

저 또한 학창 시절 누군가를 짝사랑하며 가슴 설레이고 비록 말 한 마디,

진심 하나 건네지 못했지만 바라보는 것만으로도 행복했던 순간이

있었거든요.

들으면 웃을 수도 있겠지만 저의 그녀는 교회에 새로 온 긴 생머리에

머리띠를 한 하얀 얼굴의 서울 아이였답니다. :)

다니던 교회에 새 신자로 온 그녀를 보는 순간, 가슴이 어찌나 뛰던지…

아마, 그때 단련된 심장이 마라톤 풀코스를 완주해도 굳건한 강철 심장을
지니게 해 준 게 아닌가 싶네요.

그만큼 그녀는 저의 마음 깊숙이 자리 잡았기에 평소 그토록 활달한
성격의 저였지만 떨려오는 수줍음에 차마 다가가 말 한 마디 제대로
붙이지 못했답니다.
그러다 우연히 그녀가 당시 연합 서클 후배랑 친한 사이란 걸 알고 그녀
를 통해 편지며 선물들을 전하며 마음을 표시했죠.
그러던 어느 날, 우연히 도서관에서 공부를 하다 잠시 바람을 쐴 겸
바깥으로 나왔다 맞은 편 횡단보도 앞에서 한 남자의 손을 잡고 서 있는
그녀를 발견하게 되었답니다.
"!!!"
두 눈으로 보고도 믿기지 않는 현실에 넋을 놓는 사이 신호가 바뀌고
그녀가 다가오기 시작했고, 전 신호등 뒤로 숨어 멀어져 가는 그녀를
한없이 바라보고만 있었죠.
뭐, 그날 이후 식음을 전폐한 건 물론이거니와 한동안 교회 또한 발길을
끊었답니다.

그리고 세월이 흘러 몇 년 뒤,
우연히 그녀를 만날 계기가 생겼고,
설레임 가득한 맘으로 만난 그녀는...
추억 속 제가 알던 그 수줍음 많고 천사 같은 미소의 모습은 온데간데없고
수줍음 대신 씩씩함을, 천사의 미소 대신 호탕한 웃음의 여장부가 되어
있었습니다.

역시, 첫사랑은 첫사랑으로 간직하는 게 맞다는 현실을 뼈저리게 느끼는
순간이었습니다.

이야기하다 보니 또 주저리주저리 과거사를 털어 놓게 되네요.
이렇게 개인사 털어 놓다 나중에 집 주소까지 알려 주는 거 아닌지 모르
겠어요.
뭐, 그만큼 아린 님이 편해졌단 사실!!! :)

찌질남의 사례를 보다 보니 사실 남자들이 별거 아니라 여기는 사소한
것들이 많네요. 역시, 여자들은 작은 것에도 의미를 부여한단 사실을 재
차 확인한 셈이네요.
(오해는 마시길, 어디까지나 남자의 입장에서 작은 것이라 느껴진단
말이지 여자들이 느끼는 감정의 크기가 작다는 건 아니에요.)
해서 결론은,

"남자들이여, 그녀의 물음에 무조건 긍정을 표하라, 더불어 하늘이
두 쪽 나도 여자 편을 들어라!"

좋아한다. VS 사랑한다.

둘의 가장 큰 차이라면 호감도에 대한 크기의 차이가 아닐까 싶네요.
좋아한단 말은 사랑한단 말보다 한 단계 아래의 표현으로 이 여자와
사귀고 싶다는 마음이 들 때 드는 감정입니다.
그리고 연인 관계로 발전해 호감도가 상승하게 되었을 때 남자들은

이 여자를 사랑한다고 생각하는 거죠.
다시 말해 확실히 내 여자로 받아들이는 시기인거죠.

그런 의미에서 보면, 좋아한단 말은 한 여자에게만 한다기보다 애인이
없는 입장에서 다른 호감 있는 여자에게도 이야기할 수 있는 표현입니다.
그렇기에 좋아한다고 말하고 변하는 건, 사랑한단 말에 비해 훨씬 쉽게
일어날 수 있는 일입니다.

예전에 언급했듯 남자의 바람에 있어서 '사귀자!' 라는 말을 하지 않는
이상 바람이 아니듯,
'사랑한다!' 말하지 않았으면 바람피운 게 아니라 여기는 거죠.
그만큼 '좋아한다'와 '사랑한다'는 엄청난 차이가 있는 겁니다.

하니, 누군가 "나 너 좋아해!"
고백한다면...
'우리 사랑을 시작해 볼까?'라는 뜻으로 받아들이는 게 맞을 것 같네요.
시작인만큼 아직 다져지지 않아 마음이 변할 확률은 그만큼 크겠죠.

정리하자면,
'좋아한다'는 '사랑한다'는 마음을 갖기 위한
시작의 단계적 표현입니다.

아린 님, 여자들은 사랑의 감정이 줄어들었다 늘어났다를 반복 할 수
있나요?

가만히 생각해 보면 남자들은 한 여자를 사랑하면 그 감정이 어느 순간 일정하게 유지는 될 수 있어도 웬만해선 다시 줄어들지는 않거든요.
한데, 여자들은 제 착각인지 몰라도 사랑의 감정이 줄어들거나 늘어나는 게 가능한 것 같더라고요?

어떤가요?
진짜, 이 남자가 꼴도 보기 싫었다가 다시 엄청 좋아졌다 하는 기복들이 있나요? 만약 그렇다면 어떤 때 대체로 그런 감정 기복을 느끼는지 알려주세요.

이런 여자, 저런 남자 Ⅱ

그땐 왜 그렇게 힘들어서 싸우기만 했을까.
지나고 보면 아까운 추억들일 뿐인데.
아까운 추억에 대한

아린의 열아홉 번째 이야기

좋아하면 사랑하는 거구
사랑하면 좋아하는 거구
그런 거지.
'좋아해'라고 표현해 놓고 '아 이건 사랑이 아닌게벼~~' 하고 발 빼는 거.
도둑놈 심보 아닌가요?

참 남자들은 이상해.
이거야 말로 문어발식 애정전선을 운영하기 위한 좋은 핑계거리
아닌가요?

남자들의 '좋아한다'는 앞쪽 괄호를 비워 놓고 이 사람,
저 사람 들어올 수 있단 거네요?
여자들의 '좋아한다'는 앞쪽 괄호에 '당신만을'이라는 단어가
들어가 있는데.

어쨌든 좀 서운하네요.

제가 좋아하는 '와타나베 준이치' 작가의 단편집에 보면 이런 말이
나와요.

"남자는 항상 '왜 그래?'라고 묻고 여자는 항상 '이유 같은 건 없어요.'
라고 대답한다. 남자는 늘 논리를 묻고 여자는 그것이 감성의 차이라고
생각한다."

저는 돈테 님에게 '감성의 차이'를 조금이라도 좁히고자 매번 질문을
하는데 이 차이는 좀처럼 좁혀지진 않는 거 같아요.
늘 돈테 님의 답장을 통해 '감성의 차이'를 실감할 뿐이지.

이번 돈테 님의 질문에서도 전 '감성의 차이'를 느껴요.
남자들은 여자들의 감정이 고무줄처럼 늘었다 줄었다 할 수 있다고
생각하나 보죠?

한결같다는 말.
어쩌면 현실에는 존재하지 않는 말일 수도 있겠다 싶지만

누군가를 좋아하면 그 마음은 남자든 여자든 한결같아야 하는 게 맞다고
생각해요.

남자만 한 여자를 사랑하면 한결 같은 게 아니라
여자도 한 남자를 사랑하게 되면 한결 같은 마음으로
그 사람을 좋아하게 돼요.

그러다가 문득 이런 순간이 오죠.
'아~ 내 남자도 이런 부분이 부족한 하나의 인간이구나.' 라고
느끼게 되는 순간!
그 순간에 잠깐 실망을 하는 거지 실망을 한다고 애정이 줄어들진 않아요.

물론 권태기를 맞은 연인의 경우는 부족한 부분이 발견되면 애정이 뚝
하고 떨어지기도 하죠.
항상 좋기만 할 순 없잖아요.
우리의 '사랑'이라는 게 현실을 떠나서는 생각할 수 없는 거니까.

혼자 있을 때 가지고 있던 판타지가 어떤 한 사람을 만나 현실이 되는 게
사랑.
제가 내리는 '사랑'의 정의 중 하나예요.

그래서 실망을 하다가도 감동을 받고,
감동을 받다가도 실망을 하게 되면서 더욱 더 단단해지는 거 아닐까요?

어떤 순간이나 상황에 감정이 '늘었다 줄었다' 하는 건... 아닌 것 같아요.
그렇게 생각하고 계시는 거라면 돈테 님은 지금 큰 오해를 하고 계시는
거예요.

돈테 님,
여자들의 감정은 늘었다 줄었다 할 수 있는 거라고 생각하는 남자들이
'아, 이 여잘 사랑하고 있구나.' 라고 느끼는 순간은 언제인가요?
연애 초기부터 그런 생각을 하게 되는 건가요?
아니면 여자가 어떤 행동을 하면 그렇게 느끼는 건가요?
그도 아니면 잠자리를 함께 한 이후부터 그렇게 느끼는 건가요?

여자들은 남자들에게 항상 궁금해하며 물어보죠.
"날 사랑해? 얼마나 사랑해?"

그런데 남자들은 항상 대답을 피하거나 명쾌한 대답을 해 주지 않거든요.
부끄러워 그런 건지 귀찮아 그런 건지는 모르겠지만,

어쩌면 돈테 님의 답변이 여자들의 버릇 같은 질문을 조금 덜하게 되는
계기가 될 수도 있을 것 같아요. 물론 저를 포함해서 말이에요. :)

돈테의 열아홉 번째 답장

서운해 하지 마세요.
제가 설명 드린 건 연애를 하기 전 솔로일 때 남자의 표현 차이인 거지,
내 여자가 생기면 남자도 그녀만 좋아할 뿐 다른 여자에게 좋아한다
말하며 한 눈 판단 얘기는 아니에요.

단지 좋아한다는 감정 다음으로 사랑한다라는 단계가 있다는 말인 거니
그렇게까지 낙담이나 실망스럽게 바라보지 마시길...
여자들도 처음엔 누군가를 좋아하기 시작해서 사랑의 감정에까지
이르는 거 아닌가요?

여자에게 있어 사랑의 감정이 불변이라…
아린 님 말대로 나의 착각이라면 다행이네요.
하지만 못내 걸리는 '실망'이란 단어.
책임감으로 살아가는 자존심 강한 남자들에게 여자에게서 전해져 오는
실망감의 표현은 그 어떤 좌절보다 큰 자괴감을 안긴다는 걸 잊지 말아
주시길…
그나저나 내가 본 여자들 중 몇몇은 분명 그리 보이는 행동과 표현들을
하는 것 같았는데… 권태기여서 그랬나?

여자를 언제부터 사랑하냐?

그건 근본적인 것부터 되짚어 봐야 할 것 같네요.
남자에게 있어 '사랑'이란 단어 자체가 떠오르는 건 시간적으로
일정하게 정해진 게 아니라 무수히 많은 상황들 중에서 돌연 툭하고
튀어나오는 경우가 많아요.

그럼 그때가 언제냐?
대다수가 여자가 여자다워 보일 때.

옷깃에 붙은 먼지를 떼어내 주고,
비뚤어진 넥타이를 바로 매어 주고,
무릎에 눕혀 놓고 귀를 파 주고,
자라난 손톱을 깎아 주는…

소소한 일상에서 나를 챙겨 주는 그런 여자의 모습에서
'아, 사랑스러워~'
라는 감정이 절로 샘솟죠.
그러기 위해선 바탕에 여자를 사랑하는 마음이 당연히 깔려 있어야겠죠.

남자들은 여자를 늘 사랑합니다.
단, 표현하는데 인색할 뿐이지.
그리고 그 인색함은 어찌 보면 여자들이 만들어 놓은 환경인지도
모릅니다.
떠올려 보세요?
당신을 바라보며
"사랑해, 오늘도 사랑하고, 내일은 더 많이 사랑하고,
모레는 죽을 만큼 사랑할거야..."
쉴 새 없이 자신의 감정을 드러내 놓는 남자...

진심 어린 마음이라도 왠지 능숙한 표현에 여자들은 의심과 부담감을
느끼지 않나요?
'나쁜 남자'를 좋아라 하는 여자들을 지켜보며 생존하기 위해, 내 짝을
찾기 위해 어쩔 수 없이 표현에 인색해져 버린 남자들일 지도 모릅니다.
'과묵함' 그게 나쁜 남자들의 표상으로 여겨지기 때문이니까요.

고로 결론은,

여자: 날 사랑해? 얼마나 사랑해?
남자: 당연한 걸 왜 물어.

아는 것, 당연한 것에 대해 물어오면 처음엔 몰라서 묻는 거라 여기고
답해 주지만,
계속해서 당연한 걸 물어오면 대답을 하는 것 자체가 귀찮아지지 않나요?

여자들은 표현의 동물이라면,
남자들은 행동의 동물입니다.

'사랑해' 한 마디 말보다,
당신을 품에 꼭 끌어안아 뛰는 가슴으로 보여 주는..
남자는 그런 동물입니다.

아린 님, 여친의 일상에 있어 남자가 다가가야 하는
한계선은 어디까지 인가요?
자칫 간섭으로 느끼는 것들은 무엇이 있나요?

짧은 치마를 입지 말라는 말,
다른 남자들과의 만남에 대한 불만,
술 마시는 것, 클럽 가는 것과 같은 노는 것에 대한 불만 표시...

이런 것들에 대해 좀생이로 여기나요?

아니면, 날 사랑하는 마음으로 느끼나요?

도대체 어디까지 받아 주고, 어디쯤에 속마음을 표현해야 하는지...

현명한 남자가 되는 법 좀 알려 주세요.

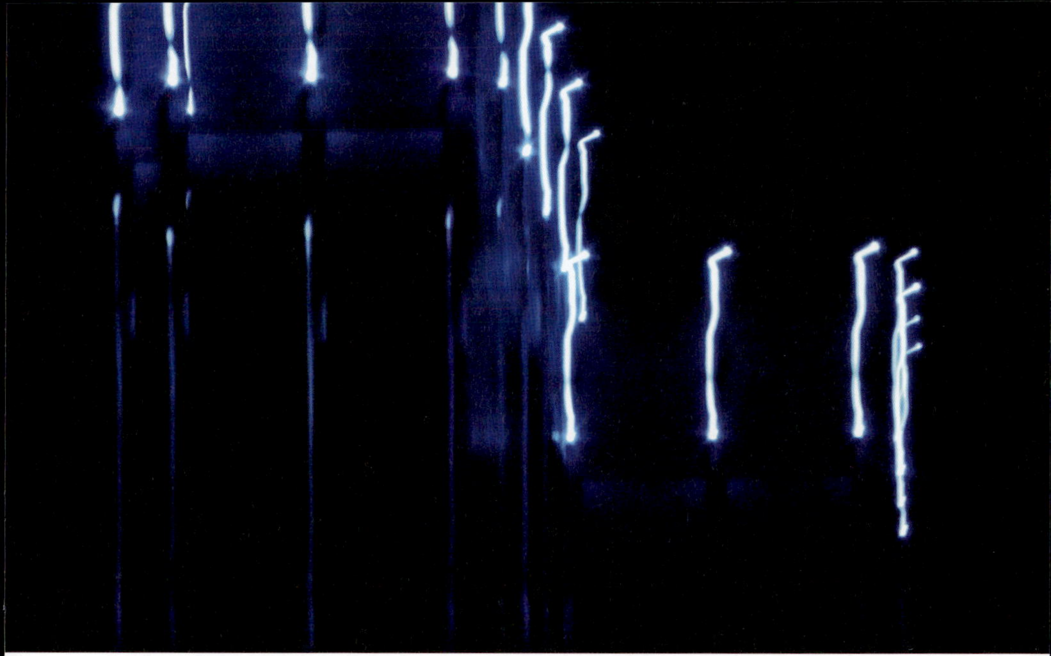

사랑에 철드는 일만큼 슬픈 일은 없는 거 같아요.

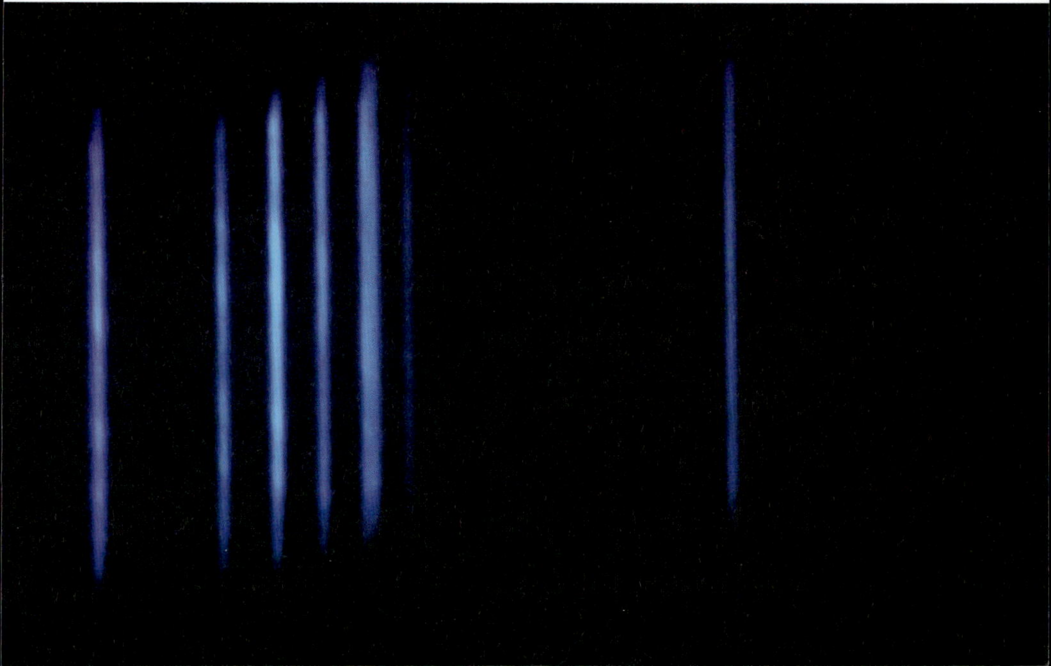

간섭의 한계 :

사랑은 어디까지
간섭하는게 좋을까?

당연한 걸 자꾸 물어보는 게
사랑이라고 생각하는 여자와
당연한 걸 자꾸 대답하는 게
귀찮은 남자의 사소한 차이에 대한
아린의 스무 번째 답장

당연한 걸 자꾸 물어보고 싶은 게 여자의 마음인데
참 남자들은 그걸 모른단 말이에요.

당연한 마음을 성실히 답해 주는 남자가 얼마나 사랑스러운지.
그 대답 한 마디에 사랑은 그 배로 커진다는 진실도 알려 주고 싶네요.

이 세상에서 가장 유치하지만 가장 위대한 게 사랑놀이라고 하잖아요.
이 놀이를 잘 하려면 살짝 유치해져 주는 게 필요하다는 거.

요런 대답이나 행동들이 유치하다고 느낀다면 당신의 사랑에도 나이가

든 거랍니다.

사랑을 무슨 인생철학의 하나 정도로 생각하는 사람들.
그냥 저한텐 그 사람들이 좀 슬퍼 보여서요.

혹시 돈테 님, 그 슬픈 사람들의 대열에 끼고 싶으신 건 아닌 거죠?
그래야 제가 보내는 유치한 질문들에 영원히 대답해 줄 수 있잖아요. :)

오늘은 너무 힘든 하루였어요.
그래도 일상에 치이고 치이다 메일에 돈테 님의 메일이 왔다는 알림이
오면 그날 하루는 풀 수 있는 흥미진진한 수수께끼 하나 숨겨 둔 어린아이
처럼 신이 난답니다.

저의 일상에도 깊이 관여하는 사람이 생긴다면 더 신이 나겠죠?
하지만 아직 그 사람을 찾지 못해 조금은 덜 신나네요.

남자가 할 수 있는 여자 친구 일상에 대한 간섭은 어디까지가 한계
일까..
이번 질문은 굳이 남녀의 문젠 아닌 듯싶어요.

남자든 여자든 사귀는 사이에서 마치 가족이 된 마냥 시시콜콜 깊게
관여하는 경우가 있는데요. 이건 지극히 위험할 수 있어요.

예를 들어 남의 여자는 되는데 자기 여자만 안 된다는 "짧은 치마 입지
마라."같은 참견은 첫 번째 들었을 땐 "오~ 이 남자 긴장하나 본데~"라
고 하며 좋아할 수는 있죠. 하지만 얘기하는 횟수가 잦아지고 마치 내가
만든 규율마냥 얘기하게 되면 여자들은 견딜 수 없어져요.

남자들 중에 마치 자기가 어른인양 여자들에게 이것저것 참견하는 남자가
있는데요. 이건 여자들에게 스트레스입니다.
학생 주임도 아니고 여고생도 아닌데 시시콜콜 하지 말란 건 반발심만
키우기 십상이에요. 제약을 풀어 둔다고 해서 고삐 풀린 망아지마냥 뛰
어다니는 여자들은 없으니까요.

여자들은 사랑하는 내 남자가 어떤 걸 좋아하고 어떤 걸 싫어하는지
정도는 센스 있게 캐치해서 지켜주길 좋아하는 동물이랍니다.
그런 부분에서 뿌듯함마저도 느낀다고나 할까요?
칭찬받고 싶어 하는 어린아이 마냥 어느 날, 짧은 치마를 입고 나가니
내 남자가 외투를 벗어 나의 짧은 치마를 가려주려 애쓴다거나 뭔가
그날은 불편해 하는 눈치다.. 싶으면 그 뒤로는 안 입게 되거든요.
굳이 남자 친구가 불편해 하는 일을 고집하는 여자는 없어요.

그리고 원래 연인 사이의 간섭은 여자의 필수 코스잖아요.
예를 들어 여자가 남자에게
"오늘은 누구 만나? 만나더라도 술 많이 마시지 마."
"클럽을 가더라도 부킹은 안 된다. 알지?",
"담배 좀 그만 피워, 술 좀 그만 마셔."

등등의 이야기는 여자가 하는 게 어울리지 남자가 하면
좀 이상하잖아요?

그냥 남자는 간섭한다기 보다 그냥 지켜봐주는 게 멋있더라고요.
어떤 걸 "하지 마!"라고 강요하는 남자보단 하지 않게끔 만들어 주는
남자가 최고죠!

결론은 간섭을 허하는 단계는 없다고 보면 됩니다.
물론 이 말이 무관심 하라는 말이 아니라는 건 아시는 거죠??

그냥 "간섭 하지 말고 지켜봐 줘."라고 얘기할게요.

그런데 이 말을 해놓고 나니 왠지 이 말을 남자들이 여자에게 더 하고
싶을 것 같은데.. 그죠?
그런데 여자는!!!!
간섭을 좀 하면서 살아야 하는 동물이랍니다.

그럼~
여자들은 간섭을 좀 하면서 살아야 하는데.
어디까지 간섭하는 게 좋은 걸까요?

여.자.의. 간.섭.의. 한.계.선...

돈테의 스무 번째 의문서

일단 안심하세요.
저도 아직까진 사랑에 나이 들고 싶지 않은 어린 왕자를 꿈꾸니까요. :)
이번 제 질문은 그냥 보편적인 남자들의 궁금증이라고 보시면 됩니다.
뭐 간혹, 저의 사심이 들어 있는 부분도 있긴 하지만…

우리가 통하는 걸까요?
저도 요사이 찌든 담배 연기 속에 이어지는 회의에 비흡연자로서
지끈해 오는 머리를 아린 님의 메일 덕에 잠시 벗어나고 있거든요.
질문에 답을 기다리는 일은 언제나 묘한 설레임을 주는 것 같아요.
그런 의미에서 우리의 이 소통이 오랫동안 이어지길 저 또한 바라봅니다.

"간섭하지 말고 지켜봐 줘라!"

뜻은 지극히 와 닿지만, 사실 남자에겐 대단한 인내심을 요하는 일입니다.
특히, 속된 말로 놀아 본 남자라면 더욱 신경이 쓰이겠죠.
클럽에 가서 노는 여자에게 추파를 던지며 접근하는 남자들의 흑심,
짧은 치마를 입은 여자를 바라보는 남자들의 음흉한 시선...

한 번쯤은 자신도 가져 본 마음들이다 보니 내 여자가 그럴 때 신경이 쓰
이지 않을 수 없겠죠. 설사 겉으론 태연한 척 한다 해도 속으론 울화통이
터질 겁니다.
왜 있잖아요,
남의 여자는 고맙고, 내 여자는 안 되는...

여하튼 남자에게 그 인내는 군대를 가는 고통보다 분명 더하면 더했지
덜하지는 않을 겁니다.
대신, 아린 님의 팁처럼 그런 센스는 괜찮네요.
'짧은 치마에 대한 잔소리보다 살며시 외투로 덮어줘라.'
담에 꼭 한번 해 봐야겠어요. :)
한데, 설마 그녀가 눈치 없어 그런 센스로 대신한 나의 맘을 모르는
불상사가 생기진 않겠죠?

여자의 간섭에 한계선...

이건 아린 님과 마찬가지의 답변을 해드려야 될 것 같네요.

아무리 여자가 간섭의 동물이라는 사회적 근거가 있더라도 남자 또한
그 간섭을 잔소리로 듣는 경향이 큽니다.
고로, 간섭보단 남자의 일상에 존재감을 느끼게 해 주세요.
아침 일찍 산뜻한 굿모닝 문자로 하루의 시작을 미소 짓게 해 주고,
손이 찬 남자를 위해 따뜻한 장갑을 손수 떠서 선물해 주는...

여자가 날 위해 챙겨 주고 배려해 주는 모습 속에 이 여자에게 빠져들면
더욱 사랑하게 되고, 자신이 사랑하는 여자가 싫어하는 일은 하지 않는 게
당연해 지는 거니까요.

물론, 여친으로서의 기본적인 간섭은 필요합니다.
작은 질투심마저 없는 여자는 남자에게 의구심을 주거든요.

'뭐야? 이 여자 날 좋아하긴 하는 거야?'

니무 많은 간섭은 싫지만 무관심은 더 싫은 게 남자랍니다.
대신 방법적으로 달리 가보세요.

"클럽 가서 부킹 하지 마!"
라는 보편적 간섭보다,

남자의 핸드폰 바탕화면에 자신의 사진과 함께

'내 남자 너무 매력 있죠? 그래서 전 안 놓칠 거예요. 그러니 애당초 번호

따지 마세요.'
라는 센스 문구를 넣는 게 더욱 당신을 매력적으로 돋보이게 할 겁니다.

아주~ 아주~ 오래전 광고 중에,
'남자는 여자하기 나름이에요.'라는 말이 있었죠?
세월이 흘러도 결국은 변하지 않는 진리,

'내 남자를 돋보이게 하는 여자의 배려만큼 남자를 변화시키는
현명함은 없다.'

아린 님, 오늘은 많이 앞서 나간 질문을 하나 할게요.
여자가 남자와 결혼을 생각하게 되는 가장 결정적인 요인이나 계기는
뭔가요?
반대로 어느 점이 미흡하면 여자는 남자와의 결혼을 망설이게 되나요?

능력?
성격이나 됨됨이?
집안 환경?
애정도?
……

도대체 어떤 점을 보고 여자가 이 남자와 결혼해야겠다 라는 생각을
가지게 되는 건가요?

결혼은 미친 짓일까?
나와 결혼해 줄래?

아린의 스물한 번째 답장

흠...

돈테 님의 질문은 요즘 평생 함께 할 여자를 찾고 있단 느낌이 들게 하네요.

남자가 평생 할 여자를 찾는다는 건

나이가 꽉 찼거나.

현실이 안정되었거나

아니면 오랜 솔로생활에 지쳤을 때일 텐데...

돈테 님은 어느 쪽인지...

여자에게 결혼은 평생 함께 할 내편을 얻는다는 이상적인 의미에 현실적으로는 우리 가족이 아닌 '시' 자가 들어가는 가족이 생긴다는 뜻이 되죠. 그래서 여자가 결혼을 결심하게 되는 건 복합적으로 모든 조건이 충족이 되었을 때 같아요.

단순히 남자만 보고 결혼을 결심하게 되는 건
어쩌면 철모르는 여자들이 할 수 있는 무모한 짓 중의 하나라고 생각해요.

아직 전 결혼에 대해 심각하게 생각해 본 적이 없어요.
그래서 저도 궁금해서 주위에 결혼한 친구들이나 언니들에게 물어보곤 하죠.
그러면 모두 다 이렇게 얘기해요.

'결혼할 사람은 느낌이 와.

그게 어떤 느낌인지...
그 느낌이 과연 아무 조건도 맞지 않는데 단순히 느낌만 오는 건지.
아니면 기본적인 조건이 갖춰진 남자를 봤을 때 느낌이 오는 건지는
경험해 보지 못해 모르겠어요. :)

그런데 아마 후자가 아닐까 생각해요.
소위 아무것도 없는 남자를 만났는데 느낌이 왔다고 그 느낌만 믿고
달려들기엔 결혼이 만만치 않은 문제라는 걸 잘 아는 나이이기 때문일까요?

여자들끼리 가끔 이런 얘기를 해요.
'결혼은 아예 철모르는 어릴 때 하는 게 낫다'라고.

이 말을 하는 이유는
이것저것 알아버리는 어른 여자가 되면.
총 천연색으로 색칠되어 있던 판타지 속 결혼이 시커먼 현실이 되어
버리기 때문이에요.

그러면서
2세를 위해 외모는 이 정도 이상이면 좋겠고
집 평수는 이 정도.
그리고 안정된 노후와 우리 아이의 교육을 위해서는 연봉은 이 정도면
될 것 같고 등등의 재미없는 기준이 생기게 되는 거예요.

이런 기준이 없었던 순수한 시절이 그리운 거죠.
'그 남자만 있으면 돼.' 라고 생각했던 시절.

사랑만 먹고살 수 없는 게 현실인 걸.
결혼이라는 두 글자 앞에서는 남자도 여자도 그렇게 생각하니까.

결과적으로
애정, 집안, 외모, 능력, 그리고 성격 등 모든 게
복합적으로 계산된 '함수'에서 평균 이상의 값이 나오면
여자는 결혼을 결심하게 된다. 라고 말씀드리고 싶네요.

그리고

라고도…

그런데,

돈테 님 결혼은 꼭 해야만 행복한 필수 조건인가요?

결혼을 하지 않아도 행복할 수 있다고 생각하는 여자에 대해 남자들은

어떻게 생각하나요?

그리고 현재 사귀는 남자 친구가 결혼의 함수에 부족할 경우.

결혼을 바라는 남자 친구를 기분 나쁘지 않게 거절하는 방법은 어떤 게

있을까요?

‘결혼은 미친 짓이다.’라고 해도
한 번은 해 보고픈 미혼자의

스물한 번째 구혼

아린 님의 저에 관한 생각을 듣고 뜨끔... :)

말씀하신 대로 결혼에 관한 관심이 부쩍 든 건 사실이에요.

그에 대한 이유는 음... 아린 님이 제시한 것들 중 두 개 정도

때문이라는 귀뜀은 해 드릴게요.

아마, 이마저도 대충 예상하시리라 여겨지지만...

‘풋~’

돌연 웃음이 나네요.

이제 서로에 대해 어느 정도 짐작을 하는 부분들이 생긴다는 건 그만큼

우리가 서로를 예상 할 만큼 가까워졌다는 얘기겠죠?

그래서 일까요? 시간이 가면서 예전에 비해 좀 더 저의 얘기와 가까운
이야기들을 하고 있는 것 같아요.
나만 그런가?

답변을 듣고 결국, 또다시 부닥치는 현실…
"준비된 자만이 결혼을 운운할 자격이 있다!"
이럴 줄 알았으면 이성에 눈뜨자마자 바로 이 사람이다 싶은 여자를
낚아챌 걸 그랬나 봐요.
점점 늘어가는 나이만큼이나 쌓아야 할 능력치들이 많아지는 입장에서
제 마지노선도 얼마 남지 않은 듯한데, 이러다 어쩔 수 없는 독신이 되어
야만 하는 게 아닌가 하는 우려감이 그렇잖아도 업무 때문에 쌓인 고민에
또 다른 짐을 안겨주네요.
잠깐만요~

죄송, 잠시 듣고 싶은 노래가, 지금 꼭 들어야만 할 것 같은 노래가 있어서
찾아 듣느라고… :)
뭐냐고요?
커피 소년 '장가 갈수 있을까'
갑자기 동조자를 찾아 위로 받고 싶은 맘에,
노랫말을 보면 적어도 이 노래를 부른 이는 저랑 같은 현실의 숙제를 안고
살아가는 것 같아서 말이에요.

큭큭큭… 근데 저 뭐죠?
아니, 아린 님과 채팅을 하는 것도 아닌데 혼자서 질의응답을 하고

있으니...

떠올려 보면, 어느 순간부턴가 아린 님과 주고받는 이메일이 마치 채팅을 하고 있는 착각 속에서 마주하고 있는 것 같은 생각으로 편지를 쓴 거 같아요. 마치 만나면 어색하지 않을 만큼의 뭔지 모를 친숙함이 느껴지는 그런 기분이랄까. 노래 탓일까? 오늘따라 술도 마시지 않았는데 주저리주저리 넋두리를 늘어놓네요.

아무튼 결혼!
요놈이 하고 싶다면, 아니 하고 싶으니 난 더 열심히 일해야 하는 현실.
낼부터 새벽 신문 배달이라도 시작해야겠군.

남자에게 결혼이란,
단순히 여자와 맘 편히 함께 하는 것만이 아니라 가장 중요한 종족번식
(표현이 좀 그런가?)
여하튼, 나의 분신을 만들기 위한 의무감의 산물이기도 합니다.

어느 노랫말처럼
'아침에 눈을 떠 처음 바라보는 사람이 사랑하는 너였으면 좋겠어.'
이건 단지 순간의 감정을 이야기하는 거고, 남자에게 결혼은 누가 뭐래도
'내 아를 낳아도~'
가 가장 중요한 이유입니다.

즉, 결혼은 행복 필수 조건 중에서도 1순위가 아닐까 싶네요.
그런 남자에게 결혼에 대해 기분 나쁘지 않게 거절하는 방법이라?

단도직입적으로 말해,
'없습니다!'

연애는 상대적입니다.
여자가 결혼을 원하지 않는데 연애는 하고 싶어 한다?
남자가 '이 여자가 아니면 절대 안돼!'라고 콩깍지가 씌여도 제대로
씌이지 않는 이상 남자는 여자의 입에서 결혼에 대한 부정적 의견이 나
오는 것만으로도 있던 애정도 줄어들게 됩니다.

모든 행동에는 목적이 존재합니다.
사랑도 예외일 순 없습니다.
대다수 남자들에게 사랑의 최종 목적은 결혼입니다.
시간과 돈을 들여가며 한 행동이 목적 달성을 할 수 없는 일이었다면
더 이상 행동할 이유가 없는 거죠.
괜한 시간 낭비로 보일 수도 있다는 거예요.
그럴 바에는 얼른 정리하고 목적이 같은 여자를 찾아 나서겠죠.

만약, 이 여자가 너무 좋아 그런 목적과의 충돌이 생긴다면 일단은 여자를
안심시키려 뜻을 받아들인다고 할 겁니다.
하지만 속내는 시간을 두고 설득시키겠다는 생각을 가지겠죠.
앞으로 봐도 뒤집어 봐도, 남자에게 결혼에 대한 생각을 돌리게 만들기는
결코 쉽지 않고 마땅한 방법 또한 없다고 보시는 게 좋을 것 같네요.

아린 님, 결혼에 관한 저의 처한 상황을 떠올리다 보니 문득 드는 의문이

있는데,
여자에게 있어 결혼할 남자의 나이는 어느 정도 의미를 차지하나요?
더불어 나이차에 관한 보편적인 커트라인은 어느 정도 인가요?
(아, 이건 물으면서도 서글픈 질문이당...)
또 하나,
나이의 장벽을 넘어설 만큼 결정적인 매력은 무엇인가요?

/

아린의 스물두 번째 답장

요즘 들어 자꾸 심각한 질문을 해 오시는 걸 보니 아무래도 돈테 님에게
인생을 결정지을 중요한 순간이 가까워진 게 아닌가 하는 생각이 드네요.

이러다 어느 날 메일로 청첩장을 받게 되는 게 아닌가 하는 슬픈 예감이
드네요.
슬픈 예감은 항상 틀린 적이 없던데...

지금 사랑하는 그녀와 나이 차이가 많이 나는군요...
아니면.
생각보다 돈테 님의 나이가 많은 건가..?

그래서 어떤 조건보다도 나이 차이에 대한 궁금증이 드는 게
아닌가 싶은데, 제 추리가 맞나요?

여자들은 대부분 나이 차이가 많이 나는 남자를 부담스러워 하긴 해요.
아마 전에도 제가 말한 적 있는 것 같은데..
'부담'이 느껴지는 나이 차이를 숫자로 표시해 보면 일단 손가락 다섯 개가
넘어가면 좀 버겁죠.

20살 때 25살은 군대에서 제대한 복학생 선배이고
25살 때 30살은 이제 삼십대에 접어든 남자이며
30살에 35살은 마흔이 가까운 나이이니까.

5를 넘어서면 아슬아슬한 세월의 무게가 여자의 가슴을 답답하게
만들기도 해요.

물론 이 차이는 평준화된 수치가 아님을 다시 한 번 말씀드립니다.
어디까지나 저와 제 주변 여자들의 기준으로 볼 때.
아린의 평균이라고 보시면 되겠네요.

제가 아주 평범한 대한민국 여성이니까. 뭐, 믿으셔도 돼요. :)

여자들 중에 나이 차이가 많이 나는 사람을 좋아하는 경우도 있어요.
여자들이 나이가 많은 남자들에게 느끼는 매력은 경제적 안정이 첫 번째.
두 번째는 푸근함. 세 번째는 어리광을 부려도 다 받아줄 것 같은 이해심이

아닐까 해요.

그런데.
남자들은 나이가 많아도 아이 같긴 아이같더라구요.
'이해심이 많을 것 같아서 어리광을 부렸더니 소년처럼 삐지더라.'는 제
친구의 경험을 들은 적이 있거든요.
이럴 때 여자들은 한 마디로 '확' 깨요.

나보다 시간의 무게를 더 가진 사람은 삐지고 소심한 질투를 하지 않을
거라 생각하거든요.
어쩌면 고정관념일 수도 있지만.
여자들은 모성 본능이 발동하기 전, 어리광과 애교로 남자의 보호를
받고 싶어 하죠.
그러다 내 남자의 보호를 받고 지내던 어느 날,
세찬 비바람을 온몸으로 막아주는 내 남자를 보고 가슴에 눈물이 뚝
하고 떨어질 때가 있어요. 그 순간이 지나면 여자는 그런 남자를 더 안아
주게 돼요.
내 남자가 튼튼하고 내 남자가 자신이 넘쳐야 날 더 보호해줄 수 있구나.
하고 깨닫게 되는 거죠.
그러면서 모성 본능이란 게 발동된답니다.

결혼을 결심하게 될 때 여자에게 나이 차이는 남자가 여자를 고를 때만큼
중요하진 않은 거 같아요.
나이가 많던 적던. 이 남자다! 싶으면 상관없는 게 사실이니까.

더 솔직히 얘기하면
나이차보다는 여자에게 결혼에 앞서 중요한 건 남자의 능력이 아닌가
싶어요.

절 속물이라고 생각하셔도 돼요.
이게 현실이니까.

결혼의 얘기라면 조금 더 솔직하고 살벌한 이야기로 돈테 님의
현실감각을 깨워줄 수 있을 것 같은데… 어떠세요?
더 궁금한 게 있으면 물어보세요.

혹시 돈테 님은 결혼은 판타지나 환상 동화로 생각하고 있는 건 아니죠?

전 연애와 결혼은 아주 다른 이야기라고 생각하거든요.
아무리 두 사람이 똑같이 사랑한다 해도 결혼은 현실이니까.

연애는
팍팍한 현실을 따로 살다가도 둘이 있을 땐 동화 같은 이야기를 만들어
그 속에서
둘만 달달하게 있으면 됐는데
결혼은
팍팍한 현실에서 지지고 볶고
같이 살아야 하는 거니까.

그래서 일까요? 왜 남자들은 결혼을 하게 되면 변하게 되는 걸까요?

진짜 남자들의 속마음까지 변하게 되어 버리는 걸까요?

아니면 현실 때문에 어쩔 수 없이 그렇게 되는 건가요?

design_ DOROCY

돈테의 스물두 번째 답장

역시 예상한 답변이 나오는 거 보면 아린 님은 말씀하신 대로 지극히
보편적인 분 같네요.

그나저나 '5'란 숫자의 정의가 절 '허걱~' 하게 만드네요.

사실 요즘 맘에 두고 있는 그녀의 나이가 '5'란 숫자를 넘어서는 입장
이라...

나이를 먹을수록 연애에 대한 현실의 장벽이 늘어만 가는 것 같아요.

나이가 들수록 결혼은 더욱 힘들다던 말이 백분 이해가 갑니다.

아~ 나랑 절대 상관없는 먼 나라 얘기라 여겼었는데 이제 피부로
와 닿고 보니 그때 형들의 깊은 한숨이 절로 이해가 가네요.

아무래도 오늘은 한잔하지 않으면 잠이 오지 않을 듯...

남자에게 결혼이란?
'기사 노릇의 해방이며 무보수 가사도우미 스카웃이다.'
(너무 극단적으로 표현했나?)

남자에게 결혼은 무엇보다 다른 스트레스에서 해방되어 오로지 일에만
집중할 수 있는 환경을 만드는데 있습니다.
더불어 나의 2세를 만들 수 있다는 종족 번식의 안도감.

그러다 보니 남자 또한 결혼 적령기가 되면 연애와 결혼에 있어 구분되
어 지는 것이 있습니다. 연애의 1순위가 미모라면, 결혼 상대는 성격이나
직업 등을 두루 따져보고 선택한다는 거죠. 뭐 기왕이면 다홍치마라고
성격도 좋고 직업도 괜찮은데 얼굴까지 예쁘다면 최고겠죠.

결혼하면 변하게 되는 남자의 가장 큰 이유는,
이제 빼도 박도 못하는 내 사람이라는 안도감이 작용해서입니다.
그 안도감이 소유욕과 호기심을 많이 떨어뜨리거든요.

어린아이가 갖고 싶은 장난감을 가지기 전이란 막상 갖고 나서의
행동과 비슷하다고 보시면 됩니다.
그도 그럴 것이 그간 여러 번 반복되는 이야기이긴 하지만 남자에게
여자는 자신이 가질 수 있는 최고의 사치품입니다.
그 귀한 보석을 갖기 위해선 뭐든 다 하죠.

하지만 막상 가지고 나면 처음엔 기쁨에 여기저기 자랑하며 열심히 지니고 다니지만 시간이 지나면 자연스레 싫증이 나고, 어느 순간 집 안에 박아만 두게 되는 게 현실입니다.

너무 극단적인 얘기를 한 것 같은데,
잠깐 편을 들자면 남자들이 아내를 우습게 본다는 건 결코 아닙니다.
보석은 누가 뭐래도 보석입니다.
그 가치를 알기에 절대 함부로 대하진 않습니다.
그냥, 이렇게 생각해 보세요.
여자들이 제 아무리 자신이 가장 갖고 싶어 하던 명품백이라도 항상
가지고 다니지 않듯 남자 또한 그 보석에 대한 귀한 가치는 알지만 자주
지니고 다니지 않는 것 일 뿐입니다.

그 내면에는 보석의 주인이 나라는 소유권이 존재하기 때문입니다.
혼인신고 서류가 보석의 개런티 카드처럼 여겨지는 거죠.
명확한 내 여자가 되니 떠날 것 같은 불안감은 당연히 줄어들고, 그러다
보면 안도감이 자만심이 되어 연애 전과는 당연 달라질 수밖에 없는
겁니다.

이점에 있어서는 여자도 어느 정도 그런 면이 있지 않나요?
남자가 남편이 되는 순간,
예쁜 화장에 곱게 차려 입던 의상이 생얼에 무릎 늘어난 츄리닝으로
바뀌는...
그래서 행복한 결혼 생활을 위해선 서로 간에 어느 정도의 긴장감이

필요하다고 하는 게 아닐까요.

무언가 달라지는 대는 일방적인 건 없습니다.
분명, 같은 걸 보던 눈이 새로운 걸 봐서입니다.
결국, 여자는 여자다울 때 아름답고 유통기한 또한 늘어난다는 걸 잊지
마시길.
특히, 결혼 생활에 있어서는 더욱 더!

오늘 질문은 많은 남자들이 공감 할 질문이 아닐까 싶은데,
아린 님, 남친이 있는 여자가 자기에게 예전에 고백했거나, 사심이 있어
보이는 남자와 만나는 건 어떤 이유인가요?
여자는 절대 그럴 일 없다고 하지만, 다들 이야길 들어보면 데이트하듯
영화보고, 놀이 공원도 가고 그런다는데...
정말, 그런 관계를 믿고 지켜봐도 될 만큼 아무 일이 없을 수 있나요?

다르기 때문에 사랑하게 되는 걸까?

비슷하기 때문에 사랑하게 되는 걸까?

여자도 어장관리 한다?

이유가 없다는 사랑의 이유가 늘 궁금한

아린의 스물세 번째 답장

돈테 님 혹시 〈라붐〉이라는 영화 기억나세요?
오늘 퇴근길에 아이팟에 담긴 노래를 랜덤으로 듣고 있었는데
라붐 주제곡인 'Reality'가 나오는 거예요.

시끄러운 파티장에서 혼자 등지고 서있는 여자 주인공에게 남자주인공이
다가와 헤드폰을 씌어주죠. 그때 흘러나오는 노랜데...
광고에서도 패러디 됐었죠, 아마...?

당시에 참 많은 소녀들이 나도 한 번.. 좋아하는 오빠가 다가와 헤드폰을
씌어줬으면 했었어요. 저도 그 많은 소녀중의 하나였고요.

'난 네가 좋아.' 라는 말보다 몇 만 볼트의 위력을 가진 고백 방법 중의
하나였죠. 아마 몇몇 친구들은 직접 이렇게 고백 받은 친구들도 있었던
기억이 나네요. 물론 영화처럼 완벽하진 못했겠죠.

현실에서 일어날 수 있는 판타지...

중학생이었던 저도 그랬고 이 노래를 듣고 있는 지금 저도 그래요.

시간이 흘러 교실이 아닌 사무실에 출퇴근을 하고
수다가 아닌 지루한 회의실에서 회의로 열을 내고
도시락이 아닌 회사 식당에서 정해진 메뉴의 밥을 먹지만.
아직도 이런 고백을 꿈꾼답니다.

남자들은 나이가 들면 현실적이 된다고 하는데
여자들은 현실적이 되는 척을 하는 거 같아요.

결혼을 한 이유에 여자가 무릎이 나온 츄리닝을 입고 화장 안 한 얼굴로
지낼 수밖에 없는 이유는 이런 현실 판타지가 두 번 다신 나에게 일어나지
않을 거야. 라는 자포자기적 심정이 아닐까요?

급. 결혼한 여자들을 두둔해 보네요.
결혼해도 판타지가 가끔 일어나게.. 남자들이 노력해 주면 참 좋을 텐데...

여자들이 남자 친구가 있으면서 자기에게 고백한 남자들과 영화를 보고
데이트를 한다.

그 여자는 지금 남자 친구가 별로 마음에 들지 않나 본대요?
아니면 그 남자들이 전혀 이성적 감정이 없는 '그냥 사람'이 되었거나.
남자들은 모든 여자들을 잠정적 연애의 대상의 후보로 올려놓고 대한다고
하더라고요.
그런데 여자들은 안 그래요.
한 남자와 사랑에 빠져 있을 땐 더더욱.

이 남자와 사랑을 나누기에도 바쁜데 아까운 시간 쪼개서 영화를 보고
데이트 하지 않죠. 다른 남자와 영화를 보면 내 남자 친구와 볼 영화가
줄어드는데 왜 그런 바보 같은 짓을 하겠어요. 그런데 이 남자 친구와의
시간이 이제 재미가 없어지고 지루해지면 얘기가 달라져요.
마음이 떠날 준비를 하고 있을 때죠.

아니면 남자 친구보다 예전에 나에게 고백했던 누군가가 갑자기 괜찮아
보일 때 테스트 해볼 겸 한두 번 만나보기도 하죠.
그런데 이 대부분은 '지금 남자 친구가 더 낫네.'로 결론을 내리게 돼요.

남자 친구가 있으면서도 예전에 고백을 했던 누군가와 연락을 하는
이유는 다른 가능성을 열어두기 위한 작업이라고 보시면 돼요.
특히 예전에 나에게 관심이 있었던 남자라면 더 그렇죠.

'이 남자.. 아직도 나에게 관심이 있을까? 있다면 한번 만나볼까?' 하는
심보가 있는 거죠.

제가 지난번에도 말씀 드렸지만 여자들은 기본적으로 여왕의 본능이 있
어요. 여왕은 자신을 보필하거나 추종하는 신하를 예뻐하기 마련이에
요. 게다가 그 신하가 옆에 있는 왕보다 외모가 훌륭하다거나 지략이 뛰
어난 경우엔 더 혹하죠.

결혼을 한 것도 아닌데 나 좋다는 남자…
만나 봐도 좋잖아요?

사귀는 걸 전제로 만나는 게 아니라 그냥 단순한 데이트 속에서
남자 친구가 아닌 다른 남자가 나에게 빠져 있는 그 상황을 즐기는
거예요. 속으로 이런 생각을 하면서.
'것 봐… 나 아직 죽지 않았어!'

이 상황은. 남자들도 마찬가지잖아요.

그런데 이 경우 여자와 남자의 차이가 있다면
여자들은 공주가 되는 그 상황만 즐기는 거지. 실제로 이 남자와 발생할
어떤 경우의 수를 먼저 계산하지 않고 만난다는 거예요.
"난 지금 양다리를 걸치는 거야. 남자 친구한테 걸리면 큰일인데.."
"지금 난 이 남자에게 마음이 넘어갈지도 모르겠어. 어쩌지?"
이런 생각을 하는 게 아니라 공주 대접 받는 그 상황만 즐길 뿐이에요.

앞서 얘기한 것처럼 현실에서 일어날 수 있는 일종의 판타지인거죠.
판타지에서는 에로나 치정 같은 건 없잖아요.
만약 여자 친구가 남자를 만나는 게 불안하다면.
그건 뭔가 두 사람 사이에 문제가 있다는 거니까. 둘 사이를 찬찬히 살펴
봐야 하지 않을까요?

그리고 혹시 여자의 판타지 상대라면 그냥 판타지니까 헛꿈을 꾸진
않으셔도 될 듯합니다. '이 여자가 남자 친구가 있는데 나에게 온다고
하면 어쩌지?' 같은 헛꿈이요.

돈테 님은
이별 유예기간이 필요하다고 생각하세요?

여자들도 그렇고 남자들도 그렇고.
헤어진 다음에 바로 새로운 사람을 만나는 경우도 있지만
한동안 헤어진 사람을 위한 이별 유예기간을 가진 후에 만나는 사람이
있잖아요.

전 후자인 경우거든요.
마음이란 거 환승역에서 지하철 갈아타듯 마음대로 옮겨갈 수 있는 게
아니라고 생각해서.

돈테 님은 어떻게 생각하세요?
사람들에게 이별 유예기간이 필요한 거라고 생각하세요?

아니면 그냥 좋은 사람이 생기면 놓치지 아까우니까 바로 만나야 한다고
생각하세요?
오늘은 돈테 님의 생각이 궁금하네요.

헤어진 후,
이별에도 유예기간이 필요할까요?

스물세 번째 상소문

'라붐'...
요즘 같이 제가 나이에 대해 민감한 상황에서 이거 기억난다고 해야 하나?
안 난다고 해야 하나?

기억나죠.
다들 그녀의 책받침 하나 정도는 필수로 가지고 있던 책받침계의
여왕... :)
풋풋한 소피마르소를 떠올리는 것만으로도 그때의 순수함이 새록새록
피어나는 걸요.
아, 이제 그녀도 나이를 먹어 쉰을 바라보는 중년이 되었던데...

그래도 이뻐~ 아주 이뻐~~

문득. 시대를 풍미한 첫사랑 아이콘들이 제 가슴을 설레이게 하네요.

오토바이에 태우고 싶은 1순위 그녀 오천련.

소피마르소와 책받침 여왕을 다투던 청순미의 여왕 왕조현.

여전히 섹시미를 잃지 않고 있는 영원한 디바 김완선.

보호해 주고 싶은 그녀 강수지.

어느덧 세월의 흔적을 안고 있는 그녀들이지만 여전히 마음속엔 절정기
의 미모로 영원히 간직되고 있는 그녀들…

순수하던 그 시절 팬으로서의 사랑법 또한 순수한 해바라기였기에 더욱
아름다웠던 그때가 그립습니다.

덕분에 더욱 명확해졌네요.

우리가 같은 시대를 살아왔고, 살아가고 있는 또래라는 거.

어쩐지 공감대가 예사롭지 않더라니. :)

결혼을 하면 달라지는 여자들의 내면적 이유를 듣고 나니 안쓰러운
맘이 드네요.

현실적이 되는 게 아니라 현실적인 척 하는 거다.

하긴, 남자가 여자에게 결혼을 할 때 상투적으로 하는 말들이 있죠.

'손에 물 안 묻히게 해 줄게.'

'아침밥은 달콤한 굿모닝 키스로 대신할게.'

'결혼 생활도 연애하는 것처럼 하자….'

하지만 막상 결혼을 하면 부닥치는 현실은...
산더미처럼 쌓인 설거지 거리며 빨래 거리로 손에 물마를 날 없고,
토스트 한 조각으로도 감지덕지 할 것 같은 인간이 아침엔 국 없으면
밥 못 먹는다며 반찬 투정을 부리고,
연애는커녕 주말에 집 앞 공원 나가는 것도 귀찮아 방바닥에 들러붙어
꿈쩍 할 생각을 않죠.

결국, 꾸미고 싶어도 꾸밀 시간 없고, 챙겨 입을래야 챙겨 입을 수 없는
상황을 십분 이해합니다.
물론, 전 아직 미혼이라 객관적으로 바라보겠지만 막상 결혼을 하면
여느 남자들의 핑계처럼 나름의 이유를 대며 항변하겠지만요.
아, 그래도 결혼하고프당~~~

요사이 자꾸 제 넋두리를 하게 되네요.
이해해 주세요.
나름 제가 정해 놓은 결혼 적령기가 넘어가기 일보직전의 다급함 탓이
니.
다른 남자와 만나는 여자...
결국, 작던 크던 남자 입장에서 긴장할 이유가 분명히 있네요.

하지만, 한 가지 짚고 가고 싶은 건 남자도 사랑할 땐 한 여자만 바라봅
니다. 그러다 전해지는 여자의 믿음이 나의 믿음에 비해 적다거나 줄어
들고 있다고 느낄 때 눈길이 다른 곳으로 향하지 무턱대고 딴 여자를 좋
아하거나 마음을 주진 않습니다.

저 또한 아린 님과 같은 생각이에요.
그 누구보다 유예기간이 필요하다고 여기는 사람입니다.
누구는 이별의 아픔을 달래는 최고의 처방은 또 다른 사랑을 하는
거라지만 전 거기에 반대하는 입장입니다.

이유인 즉,
남자의 입장에서 이별을 하고 또 다른 사랑을 할 땐 적어도
헤어진 그녀에게 실망했던 단점들만은 없는 여자를 찾고 만나게 됩니다.
하지만, 시간이 지날수록 이번엔 새 여친의 단점이 보일 테고,
그러다 보면 자연스레 그러지 않았던 옛 여친을 떠올리는 건 당연한
이치입니다.
새 여친의 단점과 부딪히다 보면 비교대상이 되는 옛 여친이 그리워지
는 거죠.

물론, 그 그리움의 크기는 이별의 시간에 반비례해 보여지겠죠.
그렇게 시작된 비교는 새 여친의 단점을 키우게 되고 급기야 이별까지
생각하게 되는 결정적 요인이 됩니다.
우리가 이별을 하는 흔한 이유 중 하나가 아닐까 싶어요.

순수하게 한 여자만 바라보고 연애를 해도 수많은 위기의 순간이 있는
데 비교대상까지 생기면 사랑의 불순물이 너무 많아져 유통기한이 줄어
들 수밖에 없는 거죠.

해서 전, 그 누구보다 이별의 유예기간을 찬성하는 입장입니다.

아린 님, 여자들이 꿈꾸는 이상적 결혼은 뭔가요?
문득, 나는 분명한 결혼의 목표와 이유가 있는데 상대자인 여자의 희망
사항에 대해선 한 번도 생각해 본 적이 없는 것 같아요.
사실 그간 꽤 긴 시간을 아린 님과 소통하며 때론 고개가 내흔들어지고,
가끔은 긴 한숨이 내쉬어지기도 했지만 반대로 많은 부분에서 여자들을
이해하고 받아들이게 된 것 같아요.

그 학습 효과 때문일까요?
분명 과거보다 더욱 내 여자가 행복하길 바라는 사람이 되어가는 것
같은데...
그러기 위해 그녀의 바람을 알고 싶어요.
나를 믿고 평생을 함께 할 미래의 그녀가 행복하기 위해 진정 바라는 것이
무엇인지...

- 아린 님…

고민에 뒤척이다 왠지 당신에겐 말해야 할 것 같아 늦은 밤, 컴퓨터 앞에
앉았어요.
뭐, 아린 님이 긴장할 건 전혀 없는 어디까지나 제 얘기니까 편히 들으세요.

사실, 아린 님이 느끼셨을지 모르겠지만 요즘 저에게 결혼이란 단어를
떠올리게 하는 한 여자가 있어요.
처음엔 그런 생각도, 그리고 전혀 그런 느낌도 없는 그녀였는데 생각보다
짧은 시간 안에 저에게 깊은 확신을 안겨주고 있어 저 자신조차도 믿기지
않을 정도입니다.

'그냥 나도 모르게 이 여자랑 결혼 할 것 같은 기분이 들었어요.'

어느 유명인이 토크쇼에 나와 했던 얘기가 저에게 현실로 다가왔달까.
그녀와 함께하다 보면 행복하게 결혼 생활을 하고 있는 모습이 자연스레
떠오르는 거 있죠.
그리고 그 상상은 점점 더 절 확신에 사로잡히게 한답니다.

그런 그녀도 알고 있을까요?
저의 이 마음을, 그리고 설레임을…

문득, 두려움이 밀려옵니다.
행여나 혼자만의 착각이 아닐까?

해서 섣불리 그녀에게 제 생각을 전하지 못하고 있어요.
하지만, 이번 아린 님의 답변을 듣고 용기를 내서 고백하기로 맘먹었어요.
날 완벽한 남친으로 보지 않는 그녀에게 제 마음의 확신을 보여주기로.
응원해 주세요.
부디 제발 저의 진심이 그녀에게 고스란히 전해지길...

'라붐'처럼 현실에서 일어날 수 있는 판타지를 잘 활용해 볼게요. :)

아, 떨려...

세상에서 가장 멋지게 이별하는 방법

아린의 스물 네 번째 답장

역시 여자의 직감은 정확하다니까.
돈테 님의 메일에서 왠지 달콤한 솜사탕 냄새가 난다 했더니.
축하드려요. :)

그 사람을 위해 잘 보이고 싶고
그 사람을 위해 잘 되고 싶고
그 사람을 위해 뭐든 잘 해내고 싶은 슈퍼맨이 되실 준비를 하시는군요.

그 동안 저의 편지가 도움이 되었다니 뿌듯한걸요?
누군가가 있단 사실을 알았다면 조금 덜 잔인하게 말해 줬을 텐데...

두 사람이 좀 더 빨리 가까워질 수 있었던 시간들을 저 때문에 쓸데없는
고민들로 버렸을까봐 걱정이 되기도 하네요.

돈테 님의 메일에서 순수한 설레임의 진동이 느껴져요.
이렇게 메일로도 전해지는 진동이 그녀에겐 전해지지 않을 리가 없어요.

그 진동이 아마 그녀의 심장도 떨리게 했을 거예요.
'그녀다.' 라는 확신이 든다면 그냥 진심을 다해 다만 급하지 않게
마음을 전해보세요.

그리고 이젠 두 사람 사이에 생기는 고민들이 있다면
제게 물어보지 말고 직접 그녀에게 물어보세요.

저를 통해 듣는것도 좋겠지만 그녀의 생각이 돈테 님에겐 더 중요할
테니까요.

이별 유예기간...
돈테 님과 저의 생각이 같다니 기쁘네요.

이젠 우리가 메일을 주고받는 것도 얼마 남지 않은 거 같네요.

아.. 서운해라.
하지만!!!
저 아린은 돈테 님을 응원하고 있습니다. :)

그럼 얼마 남지 않은 질문의 기회니까...
물어볼게요.

멋지게 이별하는 방법엔 어떤 게 있을까요?
멋진 이별이란 거 세상에 없을 수도 있겠지만.
사랑을 시작한 돈테 님껜 어려운 질문일 수도 있단 생각이 드네요. :)

돈테의 이별 답장

사실 이번 질문은 제가 묻고 싶은 질문입니다.

아린 님, 정말 멋지게 이별 하는 방법이 뭘까요?

그녀는 제가 싫지는 않답니다.

하지만 아직 자기 사람인지는 모르겠답니다.

이 사랑을 계속 이어가야 할까요?

아니면 이별을 고해야 할까요?

지금 제 심정은 아무것도 모르겠어요.

그저 가슴 한켠에 놓여 있던 커다란 뭉치가 '쿵!' 하고 떨어져 버린 것 같
아요.

뭐가 그렇게 어렵고, 뭐가 그렇게 힘든 건지!

그저 **사랑하면 그 마음을 그대로 받아들여 주면 안되나요?**

왜 진심을 놓고 갈등하고 고민하고 이런 저런 핑계를 대는 건가요?

왜!

왜!!

왜!!!

정말 제겐 사랑이 어울리지 않는 사치일까요?

아니면 매력 없는 제 자신이 문제인 걸까요?

그냥 훌쩍 떠나고 싶은 마음입니다.

아무도 없는 그냥 내 감정을 씻어 낼 수 있는 어딘가로...

아린 님, 그간의 배려와 소통 너무나 감사했어요.

지금은 연애고 사랑이고 떠올리고 싶지 않은 저의 마음을 이해해
주셨으면 합니다.

지금 심정에선 지극히 개인적이고 감정적이겠지만 쿨한 이별은 결국,
당장은 상처 받더라도 솔직한 고백이 아닐까 싶네요.

싫으면 그냥 싫다고 사랑하는 감정이 안 생겨서 싫다고 하세요.

당해 보고 겪어 보니 그게 가장 좋은 방법 같네요.

더 이상 답변을 이어가단 제 감정이 표출 될까 이만 줄일까 합니다.

다시 한 번 그간의 인연에 대해 감사합니다.

부디 아린 님만은 좋은 사랑, 원하고 꿈꾸던 행복한 사랑 꼭 만드시고
이어 가세요.

갑작스런 정리에 많이 놀라고 당황하실 것 알지만 도저히 스스로가
컨트롤되지 않아 이편이 저에 대한 이미지를 잘 마무리 할 수 있을 것 같
아 그러니 다시 한 번 양해 부탁드려요.
미안해요, 아린 님...
진정으로.....

아린의 스물 다섯 번째 답장

돈테 님 무슨 일이 있으신 건가요..?

저는 그냥...

돈테 님이 사랑하는 사람이 생겨서

저와 더 이상 메일을 주고받지 않아도 될 상황인 거 같아서

그 김에 멋진 이별이 궁금해졌고

그래서 물어봤는데..

그 사이에 무슨 일이 생긴 건가요?

그녀의 감정이 어떤 건지.. 저에게 물어보면 제가 답변해 드릴게요.

혼자 고민하지 말고 저에게 물어보세요.
그동안 그랬던 것처럼...

제가 그녀는 아니지만
속 시원히 대답해 드릴게요!!

돈테 님에게 메일을 보낸 지..
이주일이 지났는데... 편지가 없어서 메일을 써 봅니다.

저의 25번째 답장이 주인을 잃어버린 것 같아서.. 요즘 조금 슬퍼요.

괜히 우리가 주고받은 메일들이 다 소용없었던 게 아닐까 하는 생각마저
드네요. 막상 닥치고 보면 풀리지 않는 문제도 있나 봐요.

정답이라고 나온 수식대로 움직여도 항상 어디선가 터지고 마는 게
그런 게 사랑이란 걸까요?

어쩌면 그래서 더 하고 싶어지는 게 아닌가 싶어요.
이 세상에서 유일하게 내가 다쳐도 좋은 거..
그게 사랑이 아닐까 싶어요.

아마 지금쯤 돈테 님은 다친 상처를 혼자 치유하느라 어딘가에서 시간
을 보내고 계시겠죠?
그 상처에 얼굴도 모르고 이름도 모르는 전 위로가 될 수 없나 봐요.

혹시라도...
혼자 풀리지 않는 궁금증이 생기면
언제라도 좋으니...
편지해 줄래요??

남자와 여자 사이의 일은
화학작용과도 같아서...
언제 어떻게 어떤 이유로 터져버릴지 모르나 봐요...

The Radio
Dept.

우리의 이야기는 어쩌면
영원히 정답 없는
질문들일지도 몰라요.

늘상 답장을 쓰던 새벽 두 시...
나의 메일함에서 이젠
그의 24번째 답장이 수많은 스팸메일에 밀려 보이지 않는다.

그래도 나는 아직 새벽 두 시만 되면 허전하다.
그래서 알랭 드 보통의 책을 꺼내 들었다.

왜 너는 나를 사랑하지 않는가 하는 질문은 왜 너는 나를 사랑하는가 하는 질문
만큼이나 대책 없는 〈또 훨씬 덜 즐거운〉 질문이다.
두 경우 모두 우리는 연애의 구조에서 우리가 의식적인 통제를 할 수
없다는 사실에 부딪히게 된다.

당신의 마음도
나의 마음도
우리가 통제를 할 수 없으니
영원히 정답을 찾을 수는 없겠죠?

The last kiss and say goodbye

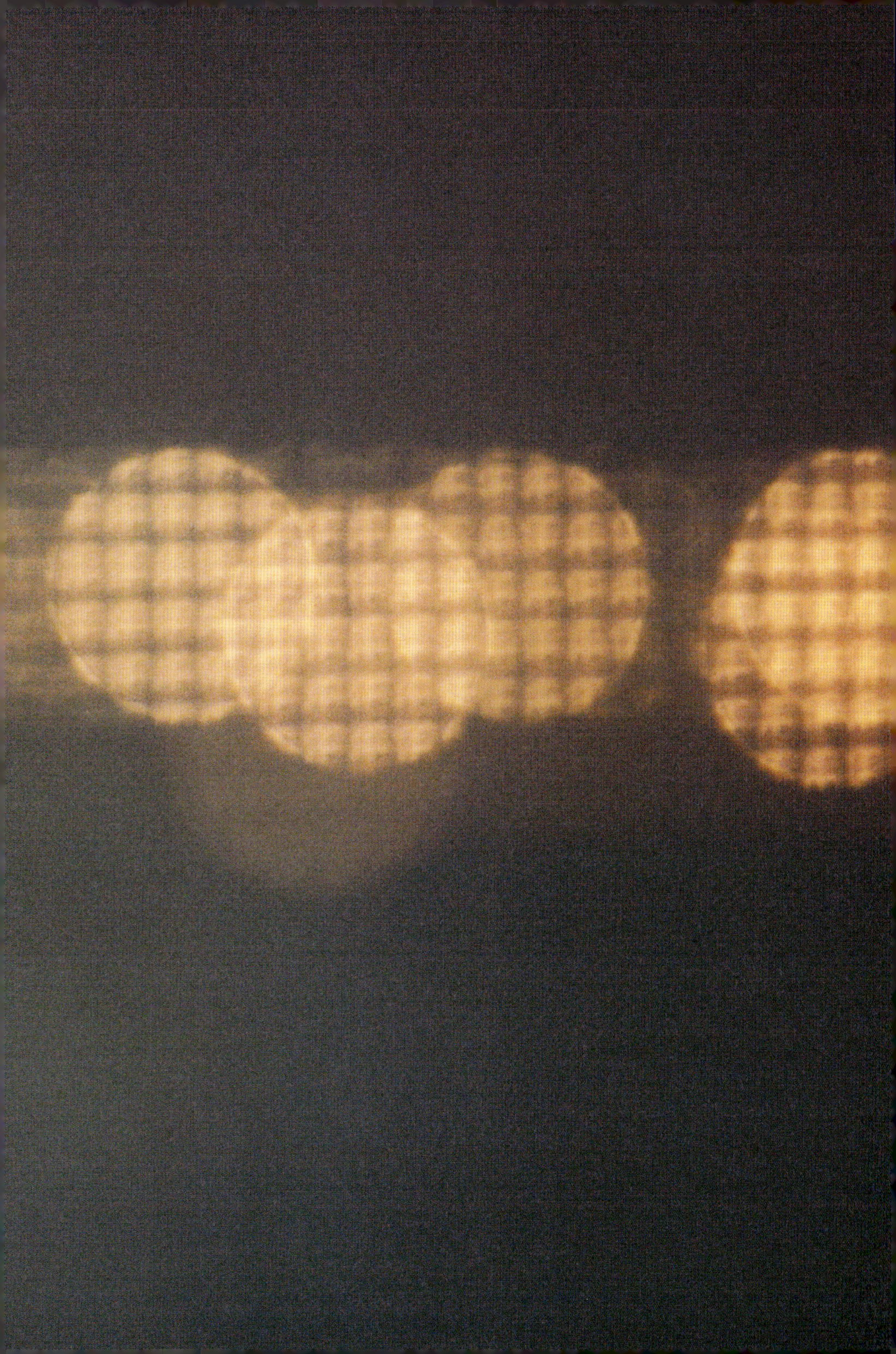

초판1쇄 인쇄 2013년 3월 25일
초판1쇄 발행 2013년 3월 29일

지은이 이상훈, 윤미성
발행인 손우리

편집 / 디자인 / 사진 나인본(nine von)

마케팅 김미경, 손정욱, 이혜인

펴낸곳 도모북스
주소 서울 마포구 신수동 85-23 동원빌딩 B1층
주문전화 02 324 8220
팩스 02 3141 4934
이메일 domobooks@naver.com
홈페이지 www.domobooks.co.kr
출판등록 2010년 12월 8일 제 312-2010-000055호

ISBN 978-89-97995-11-0